L'ACTION EUROPÉENNE

GENÈSE ET OBJECTIFS
DU MOUVEMENT DE LIBERTÉ EUROPÉEN

BERNHARD SCHAUB

EMBLÈME DE L'ACTION EUROPÉENNE

Les couleurs bleu et or sont les couleurs du ciel. Dans le chant du matin de Hans Baumann, il est dit : *« Alors le matin propulse sa lame flamboyante dans le firmament, déploie sa bannière d'azur que le soleil baptise de ses rayons »*. L'or de la sagesse dans l'azur froid de l'âme tranquille, c'est l'idéal de tout effort spirituel ; faut-il donc voir dans ces couleurs celles qui, depuis toujours, ont été le symbole du Nordique et de l'Aryen. La Suède, en tant que pays nordique typique frappe son drapeau de ces couleurs.

Lorsqu'il s'est agi de trouver un emblème pour l'UE, pilotée de et par l'étranger, l'on s'est — instinctivement ou en toute conscience — décidé pour les couleurs bleue et or. Toutefois l'étoile à 5 branches, usée et mésusée par les francs-maçons, étoile qui était déjà devenue le signe des USA et de l'URSS, fit, elle aussi, son entrée dans le drapeau de l'UE afin de bien faire savoir ainsi quel seigneur servent l'Union européenne et le Conseil de l'Europe.

Sur notre drapeau nous avons mis une croix droite, composée de 4 croix en tau. Les croix en tau sont aussi interprétées comme les marteaux de Thor : c'est pourquoi l'allemand l'appelle croix *« martelée »*, alors que le français la nomme croix *« potencée »*. Elle est visible, par exemple, sur le tambour d'argile préhistorique de Hiirnsommer (district de Langensalza), sur un montant du bateau d'Oseberg, du temps des Viking, et sur un abécédaire discoïde alémanique, du temps des grandes migrations de peuples. Elle représente la forme primitive de toutes les croix droites dont les extrémités sont arrangées de toutes les façons. Ainsi, la croix potencée peut prendre d'autres formes, telles que la croix fourchée, pattée, fleurdelysée, tréflée, ou la croix d'un ordre chevalier, comme les utilisèrent les templiers ou les chevaliers de saint Jean de Jérusalem. Les chevaliers Teutoniques la portaient parfois, précisément sous la forme où nous l'utilisons, comme précurseur de la croix *« poutrée »*. Dans le manuscrit des chants *Manessiques*, nous la trouvons sur le manteau du chevalier (teutonique) Tannhâuser.

D'après Walter Blachetta (*« Manuel des symboles allemands »*) notre croix européenne a la signification de la *« procréation et de l'accomplissement au sens de la loi du créateur divin ; elle est aussi le signe de la décision capitale »*.

Autour de la croix est disposé un cercle. L'anneau ou le cercle est, depuis toujours, le signe de l'achèvement, de la perfection, de l'éternité, de l'indissoluble fidélité, du soleil divin et de l'ensemble de l'univers. Le cercle est, pour cette raison, l'image de la communauté dans laquelle chaque individu est contenu. Des forces surnaturelles ont toujours été liées à l'anneau, comme le montrent nos contes et légendes jusqu'à l' *« anneau des Nibelungen »* : il corrompt les indignes et élève les dignes au pouvoir.

© 2011 by Bernhard Schaub
Ghibellinum-Verlag Dornach/Schweiz

Commandes : Ghibellinum-Verlag
Case postale 44 CH – 8264 Eschenz

bernhard-schaub.com & europaeische-aktion.org

MATIÈRES

INTRODUCTION
I. LES SEPT OBJECTIFS DE L'ACTION EUROPÉENNE
- Objectif 1 : Rétablissement de la liberté d'expression.
- Objectif 2 : Départ de toutes les troupes étrangères.
- Objectif 3 : Rapatriement des immigrés d'origine extra-européenne.
- Objectif 4 : Autodétermination pour les Allemands et les Autrichiens.
- Objectif 5 : Création d'une confédération européenne.
- Objectif 6 : Transfert de la monnaie et des médias dans la propriété du peuple.
- Objectif 7 : Lutte contre la décadence et contre la destruction de la nature.

II. NATURE, GENÈSE ET MANIÈRE D'AGIR DE L'ACTION EUROPÉENNE
III. LES POSITIONS GÉOPOLITIQUES DE L'ACTION EUROPÉENNE
- Europe
- Russie
- Constantinople
- Turquie
- Angleterre
- Amérique du nord
- Amérique latine
- Afrique
- Japon, Chine et Inde
- Asie du sud-est et Australie
- Antarctique
- Iran
- Orient
- Palestine

LE DRAPEAU DE L'ACTION EUROPÉENNE
L'HYMNE DE L'ACTION EUROPÉENNE

INTRODUCTION

L'Europe doit retrouver la santé et la force. Elle est aujourd'hui malade et faible. Pourquoi ? Le XXe siècle a sonné le glas de notre continent. Les peuples blancs se sont entretués au cours de deux guerres mondiales, tandis que triomphaient, à l'Ouest, le capitalisme débridé à la Rothschild et, à l'Est, la terreur marxiste. Mais Rothschild et Marx ne sont que les deux meules d'une seule et même puissance qui a broyé l'Europe indépendante.

L'empire soviétique a beau avoir disparu, les Européens de l'Ouest ne peuvent plus se voir en vainqueurs. La France et la Grande-Bretagne ont perdu leurs empires coloniaux et subissent, tout comme l'Allemagne, une domination étrangère et une immigration massive. Au terme de l'expérience bolchevique, la Russie a vu son territoire amputé et s'est occidentalisée ; elle ne s'en remet que lentement. Les Chinois s'installent en grand nombre en Sibérie, tout comme le font les Turcs en Allemagne, les Algériens en France et, de manière générale, les populations de couleur dans l'ensemble de l'Europe. Cette occupation civile n'est pas le fruit du hasard : le mélange des races et des peuples fait partie intégrante du programme du Nouvel Ordre Mondial, dont les Etats-Unis, avec leur machinerie militaire, sont les patrons. Ainsi s'explique que des troupes américaines sont stationnées en de nombreux points du globe.

Si les Etats-Unis contrôlent le monde, le lobby israélien contrôle en revanche les Etats-Unis — ce n'est un secret pour personne. Au moyen des médias, de la politique et des écoles, les maîtres du moment manipulent l'opinion publique dans l'ensemble du monde occidental, en particulier en Europe. Dans de nombreux pays européens, les *interdictions de penser* inhérentes au «politiquement correct» sont devenues des *interdictions de s'exprimer* inscrites dans le droit pénal. Des détenus qu'il n'est pas exagéré de qualifier de «politiques» passent parfois de longues années en prison à cause de ces lois muselières.

Le bilan du XXe siècle : la brillante culture européenne a été progressivement détruite et la part des peuples blancs à la population mondiale est passée de 30% en 1900 à 9% aujourd'hui. L'ennemi auquel l'Europe est confrontée présente de nombreux visages : politique, militaire, démographique, culturel, économique. Ce que l'on nomme actuellement la «crise économique» est en réalité une nouvelle tentative des barons de la finance d'accroître leur pouvoir au plan mondial. Wall Street, le Pentagone et Hollywood semblent tenir la planète entre leurs mains. Mais le colosse vacille — il a probablement dépassé le zénith de sa puissance. Un effort commun de tous les Européens peut le faire tomber.

L'Action Européenne s'est fixé pour but de mener la lutte pour l'indépendance de notre continent. Il n'y a rien à attendre des partis politiques et des gouvernements : la plupart sont corrompus ou soumis à diverses pressions. L'Europe retrouvera sa liberté uniquement grâce à des esprits libres et à des cœurs vaillants tels que ceux qui se rassemblent au sein de l'Action Européenne.

Notre modèle est la libération de l'Espagne du joug des Maures, il y a mille ans. La devise d'antan vaut aujourd'hui pour toute l'Europe : RECONQUISTA — Reconquête !

L'union fait la force. Mais il est grand temps de sortir de notre léthargie, de notre sensiblerie et de notre lâcheté, avant que le *« Nouvel Ordre Mondial »* n'expédie tous les esprits libres à Guantànamo.

Ces sept objectifs sont les lignes directrices de notre action. Celui qui, en parole et en acte, s'engage pour elle, appartient par là-même au mouvement de libération de l'avenir, à l'ACTION EUROPÉENNE.

Nous avons le choix :

RECONQUISTA — ou REQUIEM !

In Memoriam

MILTIADES – LEONIDAS – SCIPIO – AETIUS – KNJAZ TERWEL – KARL MARTELL – EL CID – HERZOG HEINRICH – JOHANN

PARTIE I

LES SEPT OBJECTIFS DE L'ACTION EUROPÉENNE

L'ACTION EUROPÉENNE est au-dessus des partis politiques et agit hors de l'enceinte des parlements. Elle atteint ses objectifs d'abord en informant autant de personnes que possible dans l'ensemble des pays européens, ensuite grâce à la collaboration de ces personnes, enfin en formant de futurs responsables.

La numérotation de ces objectifs ne doit décrire ni la succession temporaire ni confirmer des priorités, excepté le point 1 : le rétablissement de la liberté d'expression est la condition dont dépendent toutes les autres, le point d'Archimède à partir duquel le présent système criminel doit être renversé.

Objectif 1
Rétablissement de la liberté d'expression

La parole, l'information et la recherche historique doivent être libres. Les lois muselières doivent être abrogées (loi contre *« l'incitation à la haine »* en République fédérale d'Allemagne, loi *« d'interdiction »* en République fédérale d'Autriche, loi *« antiraciste »* en Suisse, lois similaires dans d'autres Etats).

Objectif 2
Départ de toutes les troupes étrangères

Départ des Américains d'Europe et des autres alliés occidentaux d'Allemagne, ce qui devrait correspondre au retrait des Soviétiques de la RDA et d'Europe de l'Est après 1990.

Objectif 3
Rapatriement des immigrés
d'origine extra-européenne

Fin de l'immigration en provenance d'autres parties du monde et mise en place de programmes de rapatriement des immigrés extra-européens. Il faut fournir une aide politique, économique et humanitaire dans les pays d'origine plutôt que de faire venir les réfugiés en Europe.

Objectif 4
Autodétermination
pour les allemands et les autrichiens

Fin de l'influence étrangère en Allemagne et en Autriche. Les actuelles Républiques fédérales d'Allemagne et d'Autriche ont été créées à l'initiative des Alliés, en violation du droit international, par le démembrement du Reich allemand et ne sont pas des Etats souverains. Il faut instaurer un ordre de paix européen en concluant enfin avec le Reich allemand le traité de paix en souffrance depuis 1945.

Objectif 5
Création d'une confédération européenne

Remplacement de l'UE et de l'OTAN par une Confédération européenne disposant d'une politique étrangère et d'une politique de défense commune, mais permettant à chaque pays membre de conserver une liberté maximale quant aux affaires intérieures, à la culture, aux finances et à l'économie. Accord de coopération stratégique avec la Russie.

Objectif 6
Transfert de la monnaie et des médias dans la propriété du peuple

1. Les banques centrales doivent être dirigées non seulement en théorie, mais également *en pratique* par les organes de l'Etat.
2. L'Etat n'accorde plus sa protection juridique à la perception d'intérêts privée.
3. Seules les corporations de l'Etat, de l'économie et de la culture agréées ont le droit de mener des affaires bancaires.
4. Seules ces corporations clairement identifiables et *responsables* ont également le droit de publier des médias. Ce n'est qu'ainsi qu'il est possible de garantir la liberté et la diversité de ces derniers.

Objectif 7
Restauration de la tradition :
lutte contre la décadence et contre la destruction de la nature

Il faut mettre un terme au sapement de notre culture. Les traditions européennes doivent être réapprises et approfondies. Nous accordons une importance particulière à la santé de la jeunesse et de la famille, à la protection de la nature, à l'agriculture biologique (y compris à la production de semences décentralisée) et aux développements organiques, conformes à la nature dans les domaines de la médecine, des transports et de la production d'énergie.

Objectif 1

RÉTABLISSEMENT DE LA LIBERTÉ D'EXPRESSION

Le système politique présent repose — comme tous les systèmes — sur certains piliers auxquels on ne peut toucher sans que tout l'édifice ne s'écroule, ce qui explique que de tels piliers sont depuis toujours des objets tabous. Qui veut, dans notre société, aller de l'avant ou être simplement toléré, a avantage à se ranger à la catéchèse du régime ou du moins à ne pas la contester ouvertement : celle-ci implique la reconnaissance de l'économie de libre marché avec son système d'intérêts et l'autorité des banques d'affaires et d'émission, du parlementarisme avec ses schèmes éculés de partis de gauche et de droite, puis la reconnaissance du philosémitisme et de l'antiracisme, de l'homosexualité et de l'avortement avec sa profession de foi bien-pensante en les droits de l'homme. Il est certes admis d'adhérer à une religion ou une vision du monde quelle qu'elle soit, mais à la condition tacite qu'on y croie pas vraiment sérieusement. Sinon l'on sombre très vite en odeur de fondamentalisme. Par fondamentaliste, les paysages politique et médiatique actuels entendent un homme qui place sa vision catholique, évangélique, islamique ou nationaliste — ou toute autre encore — le cas échéant, plus haut que même les plus hautes valeurs mentionnées appartenant au système. C'est pourquoi les fondamentalistes, dans ce nouvel ordre mondial généralisé, thème principal de la politique américaine, ne peuvent plus être tolérés. C'est un tout petit pas qui sépare le fondamentaliste du statut diffamatoire de terroriste. Quant à savoir quel traitement attend le terroriste, est-il besoin d'entrer dans les détails ? Pour lui est prévu, comme chacun sait, un certain 11 septembre !

L'Européen qui réfléchit s'aperçoit alors, tout surpris, que les objets tabous, constatés par le *« politiquement correct »*, et mis sous surveillance par les médias et la justice, prennent de l'ampleur. Des lois-bâillons, aussi nombreuses que variées, condamnent le citoyen au silence et le grotesque mandat d'arrêt européen l'intimide de surcroît. Il ne sait plus en quoi, où et pourquoi il est punissable. Manifestement, la liberté d'expression, la liberté de la science, la liberté de confession religieuse ou d'obéir à une certaine vision du monde, droits mainte fois garantis sous serment, n'existent plus alors que s'ils n'entrent pas en opposition avec les arrogantes tables de la loi, fruit de la *« communauté des valeurs occidentales »* (voir plus haut)...

Mais le plus curieux de tous ces tabous est de nature historique : en effet, quand il s'agit du national-socialisme et du fameux IIIe Reich, alors la pensée de nos contemporains se fige ; le cerveau est libéré de ses fonctions cognitives et d'étranges réflexes quasi religieux entrent dans la danse. Cesse le discernement, inconvenante voire ignoble s'avère toute remise en question de condamnation courante. Ici il n'y a plus qu'une seule opinion possible : les nationaux-socialistes, disent les Allemands, sont les coupables, ils le sont même exclusivement ; et les Juifs sont les victimes, fondamentalement et toujours. Qui doute de ce dogme et exige une révision n'est plus, pour des hommes convenables, un interlocuteur valable, mais un hérétique et un galeux qui, à la vitesse de l'éclair, subit l'exécution médiatique et judiciaire, et tombe dans le mépris social et l'anéantissement économique. Quiconque aura affaire à lui est tenu de prendre aussitôt ses distances — à moins que le pestiféré, tout contrit, ait songé à les prendre quelque peu de soi-même.

Cela concerne avant tout la zone centrale de ce territoire miné qu'est l'holocauste. Le battage médiatique de l'année 2009, relatif à l'évêque anglais Richard Williamson et sa condamnation ultérieure à une amende au montant astronomique, a une fois de plus démontré l'actualité de ce tabou. Madame Merkel se vit alors dans l'obligation d'en informer le pape qui enjoignit à l'évêque de se rétracter. Le parquet de

Ratisbonne *(Regensburg)* ouvrit une enquête et la justice de la république fédérale envisagea d'émettre un mandat d'arrêt international contre l'ecclésiastique. Pourquoi ? Parce qu'il considère un fait historique différemment de ce qui est habituel et permis : là réside son hérésie. L'avocat et révisionniste allemand Horst Mahler a été condamné à 12 ans de prison pour le seul motif d'avoir contesté l'holocauste et d'avoir analysé la religion juive à sa manière. Le publiciste germano-canadien Ernst Zündel fit 7 années de prison. La liste des condamnés en Allemagne, Autriche, France, Belgique et Suisse comprend des douzaines de noms !

Dans la salle du tribunal, on ne cherche jamais à savoir si l'accusé révisionniste a éventuellement raison dans son argumentation. Le juge n'accepte aucune requête de preuve et si l'accusé tente d'expliquer son point de vue, il se rend encore une fois coupable, de même que son avocat (c'est ainsi que l'avocate Sylvia Stolz fut condamnée à 3,5 ans de prison !) et les témoins ! Une monstruosité juridique. Le génocide, portant sur des millions, perpétré dans les chambres à gaz, est supposé de notoriété publique et le tribunal n'a qu'à répondre à la question de savoir si l'accusé conteste effectivement cette notoriété manifeste et à fixer ensuite la mesure pénale. Une chose que l'on devrait normalement décrire comme un événement historique et traiter comme un objet de recherche, est élevé ainsi au rang de loi naturelle, généralement connue et vérifiable par chacun ; mais en même temps, la vérification et la controverse scientifique sont interdites !

Cette partie de l'histoire contemporaine, soit le destin des Juifs dans les camps de concentration allemands, est ainsi soustraite à la recherche scientifique et promue dans la sphère religieuse, à vrai dire d'une sorte de religion mondialiste qui, dans bien des pays, a indubitablement pris les traits d'une religion d'Etat juridiquement protégée.

C'est pourtant la fierté de la science occidentale, déjà depuis la Renaissance et en particulier depuis le *« Siècle des*

Lumières », de ne suivre aucun tabou et de ne reconnaître comme critère qu'une totale objectivité, donc une totale impartialité. La *« révision »*, soit l'examen, la vérification et les questions critiques, est un principe scientifique fondamental. Tout le reste n'est que dogmatisme. La science en tant que telle ne peut s'accommoder d'aucune prémisse religieuse, morale, politique, sociale ou autre. Il n'y a pas de sens scientifique chrétien ou non chrétien, il n'y a pas de vérité morale ou immorale. En outre le chercheur a droit à l'erreur, car personne ne possède la vérité absolue. Les sciences naturelles ont abandonné l'ère de la reconnaissance pour l'ère de la connaissance. Appliquée à la recherche sur l'holocauste, cela signifie que l'étude ne doit être entachée de réflexes ni philosémites ni antisémites, ni philogermaniques ni antigermaniques. Quant à savoir si quelqu'un aime ou n'aime pas les Juifs ou les Allemands ne constitue pas un critère de recherche scientifique ; il ne pourra donc ni la décréter ni l'entraver.

Peu à peu cependant les voix se multiplient qui souhaitent voir se terminer ce statut juridique indigne. Selon la FAZ (*Frankfurter Allgemeine Zeitung*) du 10 juillet 2008, l'ancien juge constitutionnel fédéral Wolfgang Hoffmann-Riem déclarait : « *En tant que législateur, je n'attribuerais pas à la négation de l'holocauste un caractère pénal* ». Et, le 10 juin 2008, la « *Süddeutsche Zeitung* » de citer une déclaration de Winfried Hassemer, ancien président du tribunal constitutionnel fédéral : « *Je ne suis pas enclin à conférer un caractère pénal à la négation de l'holocauste* ».

En clair, cela signifie que l'infâme paragraphe 130, alinéa 3, du Code pénal de la république fédérale (incitation à émeute), la loi suisse *« antiraciste »* et la *« loi d'interdiction »* autrichienne doivent être purement supprimés.

Lorsque Thilo Sarrazin, autrefois membre du directoire de la banque fédéral d'Allemagne, lors d'une conférence de presse, fut interpellé sur le passé de l'Allemagne rabâché jusqu'à l'écœurement, il répondit, selon le *« Bildzeitung »* du

31 août 2010 : *« Il conviendrait aussi de ne pas oublier la guerre de 30 ans !»* Visiblement ulcéré, le journaliste réplique en ces termes : *« Sarrazin parle de la guerre de 30 ans, alors qu'on le questionnait sur l'Holocauste».* Il est patent que, depuis très peu de temps, même des représentants de haut rang du système quittent peu à peu les anciennes positions. Déjà en 2007, lors d'une conférence à Salzbourg, le professeur de droit public Karl Albert Schachtschneider fut très clair : à la question *« la liberté d'expression existe-t-elle chez nous ?»*, il répondit : *« Un pays n'est pas libre où le libre discours est frappé de punitions drastiques. Avec l'Holocauste, quoi qu'il ait pu se passer, je n'y étais pas ; mais je ne parle jamais de cela, parce que c'est interdit. On n'a pas le droit d'en débattre, fût-ce scientifiquement : la qualification du délit, incitation à émeute, l'empêche. Ce n'est pas le fait d'un pays libre.* »(1)

Quel vaste programme que de décrire sur quels domaines s'étendent encore les interdictions de l'expression et de la pensée. Mais ils sont tous organiquement interdépendants et ont un point de convergence commun dans les chambres à gaz d'Auschwitz. Le déroulement psychologique est toujours le même : ainsi, si l'on doit traiter du thème de l'asservissement à l'intérêt ou de l'art dégénéré, de la loi sur l'avortement ou de l'incompatibilité du jazz et du rock avec la culture européenne, si l'on doit traiter de la question raciale en général ou de la question juive en particulier, de la surpopulation étrangère ou de la forme d'Etat autoritaire ou des méthodes d'éducation autoritaire, de la prépondérance de la culture allemande ou des chants et danses populaires allemands, alors le représentant d'un point de vue médiatiquement non conforme se retrouvera toujours sans espoir sur la défensive, car le casse-tête d'Auschwitz le menace (un concept de Martin Walser) : quand son protagoniste le surprend à partager une vue qui était déjà celle du IIIe Reich — et qui, soit dit en passant, était autrefois, dans la plupart de cas, aussi

---

1. YouTube.com : renvoi « Prof. Dr.Schachtschneider ».

celle de chaque citoyen ordinaire, alors il le prend au collet : le déviant est aussitôt déclaré nazi. Or ce qu'est un nazi, on ne le sait que trop bien : quelqu'un qui a gazé six millions de Juifs et qui aimerait volontiers répéter l'exercice. Ainsi donc, la plupart du temps, le persécuté se tait et s'avoue vaincu. Pousse-t-il la témérité jusqu'à exiger une enquête neutre sur l'Holocauste qu'il perdra au moins sa place de travail ; et s'il pense même avoir des arguments en faveur d'une réfutation du génocide, alors les portes du pénitencier se refermeront derrière lui.

Cela ne peut pas être. Si nous ne sommes pas libres, comme dit Schachtschneider, la première chose à faire est de nous libérer ; nous n'avons pas à saluer les chapeaux de Gessler(2). Toutefois la liberté ne se reçoit pas comme une

---

2. Note de Lenculus — Au XIVe siècle, un homme très cruel appelé Gessler gouvernait la suisse.

Il aimait par-dessus tout humilier les habitants. Un jour, il fit accrocher son chapeau sur la place publique et obligea tous les passants à le saluer.

Son occupation favorite était de se pencher au balcon du palais afin de regarder la population s'incliner devant son chapeau.
– *Penche-toi plus, imbécile !* criait-il en riant. *Un peu plus de respect pour mes habits !*

Mais ce fut l'injustice de trop… Les suisses avaient trop longtemps supporté Gessler. Il avait tellement poussé la population à bout qu'une révolte était sur le point d'éclater. Le chef des rebelles s'appelait Guillaume Tell. Un jour, il traversa la place accompagné de son fils et refusa de saluer le chapeau du gouverneur.
– *Arrêtez cet insoumis !* cria Gessler furieux.

Et lorsqu'il reconnut Guillaume Tell, il en fut ravi, car cela lui donnait une très bonne raison pour le condamner.
– *J'ai entendu dire que tu étais bon tireur…* dit Gessler. *Pour réparer la faute très grave que tu as commise, tu vas devoir transpercer cette pomme… posée sur la tête de ton fils.*

C'était une cible impossible, même pour un archer aussi doué que Guillaume Tell. Il prit deux flèches, les mit dans son carquois, puis regarda son fils avec angoisse.
– *Vas-y, tire !* encouragea l'enfant. *Je sais que tu vas réussir !*

grâce : sans sacrifice, pas de conquête. Mais une régression temporelle vers la dogmatique ou même au niveau du totem et du tabou est indigne de l'Européen.

Et il y arriva ! La flèche traversa la pomme en plein milieu. Personne n'avait jamais vu un tir aussi parfait !
– *Je te félicite*, dit Gessler, en contenant sa rage. *Mais explique-moi pourquoi tu avais préparé deux flèches ?*
– *C'est très simple*, répondit Guillaume Tell, *la seconde flèche était pour toi si la première avait raté sa cible !*
– *Cette insolence va te coûter très cher !* hurla le tyran. *Je vais te conduire sur-le-champ à la prison de Kussnacht et je donnerai des ordres pour que tu y restes jusqu'à la fin de tes jours !*
   La forteresse de Kussnacht se situait de l'autre côté du lac. Guillaume Tell fut enchaîné comme un criminel, puis embarqué vers la prison. Les habitants se postèrent sur la rive pour lui dire au revoir, mais personne n'osa se rebeller contre Gessler et ses soldats.
   Le bateau était au milieu du lac, quand une terrible tempête se déchaîna. Des vagues énormes s'abattaient sur l'embarcation, et il était impossible de ramer et d'écoper en même temps…
– *Détachez le prisonnier !* cria Gessler et *donnez-lui une rame ! nous avons besoin de tous les hommes à bord pour que le bateau ne coule pas !*
   Guillaume Tell rama de toutes ses forces pour éviter que le bateau et ses passagers ne disparaissent au fond du lac. Lorsque la tempête commença à se calmer, il profita d'un moment d'inattention de ses gardes pour sauter par-dessus bord et s'échapper à la nage.
   Pendant quelques temps, on le crut mort, mais il finit par rejoindre la ville, puis se réfugia dans les montagnes avec sa famille et ses amis. De là, il commença à organiser le soulèvement contre Gessler.
   La légende dit que Guillaume Tell fut à l'origine de la révolte des suisses contre Gessler. Le tyran fut vaincu et Guillaume Tell devint, dès lors, le héros de l'indépendance de la Suisse.

Objectif 2

Départ de toutes les troupes étrangères

Il serait, ô combien, instructif de posséder une carte du monde sur laquelle tous les pays alliés des USA, librement ou par la contrainte, et d'autres où subsistent des troupes terrestres, de l'aviation et de la marine, apparaîtraient en une seule couleur. L'on mesurerait alors la vraie dimension de l'empire des USA. Il y a mille points de bases dans plus de cent Etats. Il ne faut donc pas s'étonner que les USA consacrent plus d'argent pour l'armement que tous leurs concurrents ensemble. À l'aide de cette gigantesque machine militaire, ce n'est pas seulement la *Pax americana* qui se maintient ainsi pour moitié, mais le mode de vie américain (l'*« american way of life »*), l'illusion sacrée des sectateurs de la démocratie et l'historiographie des vainqueurs, selon la vision américaine en tant que religion du salut, qui sont propagés dans le monde entier.

L'arsenal atomique américain protège le petit Etat sioniste sur la côte levantine tout comme les flux financiers des ploutocrates baignent le monde. Il est le rempart le plus fiable pour le dollar auquel, dans des circonstances normales, plus personne n'accorderait sa confiance. Le dollar est donc sous protection des bombes atomiques : ainsi, aussi longtemps que le monde devra vivre dans cette crainte, il acceptera en grinçant des dents ce papier imprimé comme monnaie mondiale de référence.

Toutefois cela ne peut durer éternellement. Selon l'adage, l'on peut parfois tromper tous les hommes, en tromper toujours quelques-uns, mais on ne peut tromper toujours tous les hommes. Le cas est plutôt rare, il est vrai, où un chef de l'Etat s'avise de faire la morale aux Américains et aux sionistes aussi magistralement que l'a fait le président iranien. Mais dans certains milieux sociaux des peuples musulmans, l'on perçoit clairement la volonté de ne plus se faire passer pour des imbéciles. Cependant il ne faudrait pas sous-estimer l'effet d'aspiration qu'exerce le luxe occidental, comme nous l'ont montré les *«révolutions»* de 2011 dans les pays arabes. Car, *«par démocratie»*, la partie du monde arabe d'orientation occidentalo-libérale entend essentiellement «standard de vie occidental». D'ailleurs, quelle que soit le degré d'exaltation rhétorique émanant du camp musulman, il ne faut s'attendre à aucune résistance militaire couronnée de succès contre les intentions hégémoniques des Etats-Unis, d'autant plus que la plupart des gouvernements arabes collaborent plus ou moins ouvertement avec eux.

Malgré les réserves à observer, les parallèles à tirer entre le stade tardif de l'*impérium* américain et celui de la Rome antique sur le déclin, est, aux yeux des connaisseurs de l'histoire, un fait patent : état des finances déplorables, population décadente, lignes de front segmentées et éloignées les unes des autres, légions réparties de par le monde — et crainte que les soldats, lors de leur retour, ne livrent ce qu'ils pensent de leur gouvernement.

Peu à peu la Chine émerge comme principal adversaire militaire des Etats-Unis, prenant la place d'une Russie ayant perdu son rang. Quelles intentions la Chine nourrit-elle ? C'est ce que nous ignorons. Sous Mao-Tsé-Toung, elle a d'abord repris le bolchevisme occidental ; et de nos jours, il semble qu'elle se risque dans un mélange aventureux d'éléments communistes et capitalistes assortis d'une exploitation impitoyable de la nature. Mais l'on ne reconnaît pas, de sa part, d'alternative indépendante vers la création d'un nouvel ordre mondial.

Une résistance intellectuelle et politique vraiment fructueuse contre le système dominant ne peut provenir que d'Europe, aussi utopique que cela puisse paraître au premier abord. L'Europe est la terre-mère des Américains blancs déchus qui, avec la volonté de fer issue avant tout de leurs pays d'origine germano-celtiques et avec toutes les idées-forces de l'Europe dans le domaine des sciences naturelles et de la technologie, ont édifié leur grande puissance et se sont ligués contre leur continent d'origine. Seuls nous autres, Européens, sommes en mesure de combattre la subversion engendrée par ce schisme, de retourner les lances et de restaurer l'état normal. Par état normal, nous entendons les peuples d'origine européenne qui sont les porteurs de la culture, les dispensateurs d'idées intellectuelles et sociales atteignant aussi les rameaux américains.

Mais les peuples européens doivent aussi devenir à nouveau les porteurs de la puissance politico-militaire dans notre hémisphère. Or depuis les guerres mondiales, l'on observe absolument le contraire, à tel point que cela confine au grotesque : le brave et crédule lecteur de journal n'en croyait pas ses yeux, quand, au début de l'année 2011, il lisait dans sa feuille favorite que la Grande-Bretagne — jadis maîtresse des mers du globe ! devait mettre au rancart son dernier porte-avion encore apte à l'engagement, pour des raisons financières. En outre, des témoins dignes de foi nous rapportent que, dans l'armée fédérale allemande (*Bundeswehr*), il n'y aurait sous peu plus qu'une poignée de chars cuirassés encore utilisables.

Tout cela n'est évidemment pas un hasard. Après la guerre, selon proposition de Churchill, les Européens — et pas seulement les Allemands — ont été rendus «*gras et impuissants*». D'avoir imaginé le concept de «*souillure du logis*» de l'homme est éminemment judicieux. Le verbiage pacifique de la gauche libérale devait convaincre nos peuples du fait que, soit plus aucun danger ne subsistait, soit que, dans tous les cas, «*les Américains*» nous protégeraient «*des Russes*», «*des Chinois*» ou des prétendues armes de destructions massives iraquiennes ou encore des supposées fusées à longue portée iraniennes ; et qu'en Europe, il suffirait de constituer de petites armées d'opéra avec quelques têtes brûlées et rambos en guise de veilleurs de nuit. La promotion de cette attitude illusoire fut encore facilitée par l'effondrement de l'Union soviétique, quand maint prophète vaticinait déjà sur la fin de l'Histoire et prédisait l'avènement du *« Tout le monde, il est beau, tout le monde, il est gentil ! »*

La suite a montré que tel n'était pas le cas. Le combat pour l'affirmation des aires de population et des espaces culturels continue et, même en Europe, transparaît çà et là le sentiment que nous ferions bien de prendre en main au mieux notre destin, avant que la saisie du pays, déjà effective par l'amicale tutelle américaine, soit devenue irréversible sous le flux de masses humaines de cultures et de races si différentes.

Que l'on se souvienne : il y a déjà eu des tentatives précoces pour une défense européenne indépendante : le traité de Dünkirchen de 1947 entre la Grande-Bretagne et la France, élargi en 1948 aux pays du Bénélux (Pacte de Bruxelles). La communauté européenne de défense (CED) échoue toutefois en 1952, après refus de l'assemblée nationale française. En 1955, le Pacte de Bruxelles s'agrandit par adhésion de l'Italie et de la République fédérale allemande (RFA) devenant l'Union européenne occidentale (UEO). Depuis lors, le projet est en dormance, les Américains ne tolérant aucune tentative européenne vers une défense indépendante, c'est-à-dire en dehors de l'OTAN. Malgré cela ou en raison même de cela, l'on devrait maintenant être rattaché à ces efforts de la première heure.

La première condition requise pour une politique et une défense indépendante est l'évacuation des territoires de souveraineté européenne par les troupes étrangères. Les affiliations à l'OTAN sont à résilier ; les troupes des USA doivent quitter l'Europe, y compris le Groenland, tout comme les

Russes ont évacué l'Europe de l'Est et du centre au début des années 1990. Conjointement, le reste des unités des troupes européennes, faisant autrefois partie des Alliés de l'Ouest, doivent se retirer d'Allemagne. Dans le cadre de la Confédération européenne (*cf.* point 5 des objectifs), une armée d'élite paneuropéenne sera mise sur pied, qui disposera des plus récents développements technico-militaires et, si nécessaire, sera aussi mobilisable hors d'Europe. Les pays, indépendants, maintiendront leurs forces nationales de combat aptes à la défense régionale, tout en étant impliquées dans le concept d'une défense européenne totale.

Objectif 3

Rapatriement des immigrants extra-européens

Il circule, au sujet des immigrants de cultures dissemblables, actuellement en Europe, Orientaux, Noirs, Asiates du Sud et de l'Est, diverses légendes :

— On dit souvent qu'il y a des réfugiés politiques en danger, corps et biens, ou du moins, des réfugiés économiques sur lesquels il convient de s'apitoyer. Mais si l'on veut bien reconnaître que la plupart sont des travailleurs étrangers, l'on affirme toutefois — cela concerne en l'occurrence les Turcs — qu'après la guerre, ils ont reconstruit l'Allemagne(3) !

Ainsi, les jeunes Turcs à qui l'on enseigne ce genre de contes à dormir debout dans les mosquées, ont tout le temps d'assimiler ces cyniques sottises et d'en être fermement convaincus. Or, une fois disparue la génération des plus vieux Allemands — les bombardés, les expulsés, les femmes violées et dépersonnalisées au milieu des ruines, les prisonniers de retour de captivité — alors les jeunes Allemands croiront bientôt, eux aussi, à ces sinistres balivernes, parce que plus personne ne sera là pour leur raconter la vérité. Car nos écoles n'en veulent rien savoir et les églises encore moins.

Ce à quoi personne ne songe, en définitive, est le manque de main d'œuvre délibérément établi en ayant laissé mourir de faim environ un million de soldats allemands prisonniers de guerre par les Alliés de l'Ouest après la guerre et un

---

3. Note de Lenculus — On dit de même en France, suite à l'*épuration*, juste en changeant les nationalités les fables sont à l'identique dans chaque pays européen où la population jeune par ces guerres fratricides fut décimée, blessée dans sa chair, anéantie par les traumatismes subies. On pourra consulter l'ouvrage de Jean Lombard CoeurdeRoy – *La face cachée de l'histoire moderne*, vol. I ; et vol. II à IV suivant en espagnol uniquement du fait de la censure. *Qui aura la bonté de nous les traduire ?*

nombre comparable de prisonniers qui furent retenus par les Soviétique, contrairement au droit des peuples, dans les camps sibériens, d'où la plupart ne revinrent pas.

— Une autre pieuse légende est que les jeunes étrangers travailleurs sont indispensables au maintien de nos caisses d'assurance-vieillesse. Voilà qui est bel et bien un point de vue éminemment égoïste, mais au vu du faible taux de natalité dans la plupart des pays européens, bien des gens se font du souci pour leurs allocations de vieillesse, ce qui se comprend, à l'idée que dans un bref avenir un travailleur devra entretenir deux non-travailleurs. Seulement il conviendrait maintenant de songer finalement aux conséquences et avouer que ce sont la prévention des grossesses et les avortements d'enfants européens qui mettent en danger nos rentes, et non les étrangers manquants.

— Particulièrement égayante est l'affirmation selon laquelle les étrangers enrichissent notre culture! Allons donc faire un petit parcours à travers Berlin-Kreuzberg, Paris, Amsterdam ou Londres pour se faire une idée de cet enrichissement!

— Autre chose plutôt déprimante, quand des agités particulièrement antiracistes parlent encore de *« régénération »* du sang qui nous serait administrée par des Africains et d'autres nouveaux-venus de tous les *« pays des Seigneurs »*!

Mais l'Union européenne s'est incontestablement surpassée! Elle reconnaît maintenant aussi, comme motif d'émigration vers l'Europe, l'homosexualité du *« discriminé sexuellement »* dans sa patrie. C'est ainsi que se mettent en route des foules de jeunes hommes enthousiasmés qui, cette fois, sollicitent l'asile comme homosexuels. Or comme il n'est pas simple du tout de leur prouver le contraire, ils sont accortement accueillis et protégés par les dames patronnesses de nos institutions sociales, pour ensuite aller enrichir, un peu plus tard, non pas vraiment notre culture, mais nos jardins d'enfants!

27

Au début des années 1990 parut en Suisse le livre d'un fonctionnaire de la ville de Bâle chargé d'interroger les demandeurs d'asile. Il l'intitula, agacé par les réponses folles des sollicitants, *« la nef des fous »*, par imitation du monde à l'envers dépeint par l'humaniste Sebastian Brant, dans son livre homonyme. Sincère, Jürgen Graf avait raison : nous sommes sur une nef des fous et sommes baladés par le bout du nez par ceux qui savent ce qu'ils font.

Un de ceux qui savent ce qu'ils font était le comte Coudenhove-Kalergi, fondateur de l'Union paneuropéenne, organisation mère de l'actuelle Union européenne. Le comte, de noblesse habsburgo-brabançonne, était métis de sa personne, fils d'une Japonaise. Il fut un actif propagandiste du mélange des races, ce qu'il promut dans son livre *« Idéalisme pratique »*, paru en 1925. À une époque où la plupart des Européens n'avaient encore jamais vu de nègres, il s'enthousiasmait à l'idée d'une *« race issue d'un mélange eurasia-tico-négroïde »* censée se développer, non sans ajouter que ce mélange sans racines serait certes vif et alerte, mais éminemment peu fiable, nécessitant par là une direction à forte poigne devant être assurée par les Juifs, race de meneurs d'homme prévue par Dieu.

Or ce que nous vivons aujourd'hui n'est autre que l'exécution du plan du sieur Coudenhove-Kalergi : soit une invasion de millions et de millions d'occupants civils ; invasion planifiée, contrairement à la tradition, non par les occupants mais par les occupés, notamment par les gouvernements des Etats européens qui, en même temps que par des lois antiracistes et antidiscriminatoires appropriées, veillent à ce que leurs peuples bâillonnés ne puissent plus demander la parole, ni sur la surpopulation étrangère ni sur la question juive.

Ne voit-on donc pas que la réalité est tout autre que veut nous faire croire cette brume humanitaire teinté d'azur ? Pour réaliser la Paneurope métissée comme première étape vers ce monde unitaire, l'on mit sur pied les deux guerres mondiales contre une Allemagne rétive. Et les nations blanches, qui combattirent contre les puissances de l'Axe et leurs alliés, ont, par là-même, trahi l'Europe. C'est l'amère vérité qui, une fois, doit être dite ! Britanniques et Français ont même, par-dessus le marché, perdu leur empire colonial dont l'héritage incomba, de fait, aux Etats-Unis d'Amérique. Mais pas une seule fois ceux-ci en furent les vrais maîtres, car eux aussi furent précipités dans le chaos racial ; en effet, les Nord-Américains blancs sont, dans plusieurs Etats, en minorité.

Que l'immigration vers l'Allemagne, tout d'abord venant du Sud de l'Europe, puis de Turquie, n'ait pas eu lieu par hasard ou ne puisse être mise sur le dos de *« l'économie »*, Heike Knortz l'a montré dans son livre *« Trocs diplomatiques : travailleurs étrangers dans la diplomatie ouest-allemande et politique de l'emploi : 1953-1973 »*. L'OTAN et les USA avaient grand intérêt d'amener les travailleurs des pays du Sud de l'Europe, économiquement arriérés et partiellement déstabilisés par de puissants mouvements communistes, dans l'Allemagne du miracle économique. Après que l'Italie, l'Espagne et la Grèce eurent conclu leurs accords d'embauche, c'est la Turquie qui voulut goûter à de tels avantages ; mais le ministre du Travail, Theodor Bland, dans un premier temps, déclina la demande ; sur quoi les USA firent pression sur le ministère des Affaires étrangères allemand pour qu'il épaule l'important membre de l'OTAN qu'est la Turquie. Il faut dire que, par la Turquie, l'accès à la Méditerranée était interdit à l'Union soviétique.

Ainsi donc, jusqu'en 1973, 650 000 Turcs émigrèrent en Allemagne : des Turcs d'Anatolie, non pas des Turcs de la partie européanisée de la Turquie, comme convenu à l'origine. De même, le principe de rotation, par lequel chaque travailleur devait être remplacé par un autre après deux ans, fut rapidement abandonné. C'est ainsi qu'au contraire, à partir de 1974, le regroupement familial fut autorisé, partant, l'établissement définitif de millions de Turcs sur sol allemand. Le prince Eugène sombra dans l'oubli.

À ce stade, nous nous refusons d'avancer d'autres preuves de la planification du processus décrit. Nous nous contenterons d'évoquer une remarque symptomatique : un général de l'OTAN (4) s'exprima, pendant le conflit des Balkans, vers la fin des années 1990, eu égard aux territoires postulés comme ethniquement purs par les Serbes, en ces termes : « *Revendiquer des Etats ethniquement homogènes est un concept nazi !* » C'est pourquoi l'allié serbe d'autrefois qui, dans les combats, s'était illustré par tant d'atrocités en faveur des Alliés, fut puni sans pitié : pas à cause des « *crimes de guerre et des crimes contre l'humanité* », comme le suggère ce théâtre guignol qu'est le tribunal de la Haye, mais à cause du « *concept nazi* » !

Combien d'autres cas pourrait-on encore mentionner ? Mais nous renonçons, par exemple, de nous lamenter sur la criminalité des étrangers, ainsi que sur le fait que beaucoup de musulmans considèrent leur présence en Europe comme un épisode de la Guerre sainte avec mainmise sur le continent pour la plus grande gloire d'Allah. Eux aussi ne sont que des pions sur l'échiquier des mondialistes, eux aussi sont appelés à devenir des déracinés par les artifices de l'intégration et de l'assimilation. Voilà pourquoi leur refus de l'intégration est même à saluer. Ils n'ont pas besoin d'apprendre l'allemand ! Ils doivent porter leurs voiles et leurs bourkas et pouvoir vivre selon la chari'a !... Mais pas chez nous ! Raison pour laquelle nous organiserons avec eux, tous ensemble, leur retour.

Ainsi, de même que les peuples avachis par les stupéfiants sont plus aisés à manipuler que les peuples armés — ce qui explique que l'on s'efforce d'assouplir les lois sur les drogues tout en aggravant celles sur les armes — de même les populations uniformisées, multiculturelles, couleur café, sont aussi plus faciles à manipuler que les peuples conscients de leur origine, de leur langue et de leur culture et les considèrent comme condition pour un plus haut degré de développement.

---

4. NDT : le général à la retraite Wesley Kanne Clark, né en 1994, commandant en chef des forces de l'OTAN entre 1997 et 2001, responsable des opérations militaires lors du conflit du Kosovo.

La représentation conceptuelle de l'ACTION EUROPÉENNE se distingue considérablement de celle des formateurs d'opinions qui donne le ton aujourd'hui : nous avons percé à jour l'escroquerie des *« droits de l'homme »* qui n'ont de sens que dans l'isolement de l'individu de la société à qui il est redevable de son existence corporelle et spirituelle — à savoir peuple et famille -, dans le miroitement de libertés à l'aspect de mirages dansants qu'il n'a pas eu à conquérir, pour enfin l'intégrer comme masse corvéable, stupide, sans défense, dans la dictature mondiale à venir.

C'est pourquoi L'ACTION EUROPÉENNE prépare, dans l'intérêt de tous les peuples, le moment où peuples et races, poussés à une confusion indescriptible, pourront de nouveau se désentraver et retrouver leur patrie et leurs racines. Ce moment viendra quand la Sainte Trinité — Wallstreet, Pentagone, Hollywood — devra abdiquer.

Chacun retournera donc d'où il vient : les époux de race blanche iront de leur côté, les métis s'établiront dans la patrie de leur parent de couleur. Cette rétromigration n'est point exigence excessive. En effet, chez nous, il fut demandé aux générations passées plus d'une fois ce que l'Européen d'aujourd'hui, affaibli, intoxiqué par les plaisirs et les assurances, ne peut plus se représenter. En outre, une Confédération européenne veillera à ce que ces réinstallations se déroulent selon les exigences humanitaires. Nous ne sommes pas des barbares.

Nous reconnaissons aussi parfaitement qu'il y a de vrais réfugiés. Cependant, lors du traitement du problème des réfugiés, il convient de procéder de la manière suivante : les flux de réfugiés ayant lieu dans d'autres continents ne seront pas acheminés vers l'Europe, mais vers le pays sûr le plus proche appartenant au continent d'où ils sont issus, avec, si nécessaire, l'assurance d'une aide européenne. Celui qui, par exemple, doit ou veut fuir du Sri Lanka, en tant que Tamoul, devrait se rendre au Sud de l'Inde, car c'est :

1. le plus court trajet de fuite,
2. celui qui coûte le moins cher,
3. le plus sûr, puisqu'il peut, comme Tamoul, s'y sentir comme chez lui, étant apparenté aux indigènes dravidiens d'où sont issus ses ancêtres.

En ce cas, l'Europe, après évaluation sur place de la situation, dispensera son aide, l'Inde dût-elle être débordée, en construction de camps de réfugiés, en accordant des prestations médicales, etc. Cette aide financière permettra alors d'honorer 20 ou 50 fois plus de bénéficiaires que ceux transportés par avion en Europe pour des sommes inouïes, et qu'il faut ensuite nourrir, soigner, socialiser et intégrer. Même d'un point de vue humanitaire, cette façon de procéder est optimale.

Le principe de l'aide fournie par le voisinage est reconnu partout dans le monde. Il est, du reste, toujours appliqué au sein de l'Europe et cela restera ainsi dans l'avenir, de toute évidence. Si les Européens venaient à être touchés par des guerres, des catastrophes ou des persécutions politiques, ils seraient accueillis par leurs voisins européens, comme les Huguenots en Prusse ou Richard Wagner en Suisse.

En préparant le rapatriement des exocontinentaux, il convient tout d'abord d'établir leur identité. Cela ne présente pas de difficulté dans la plupart des cas. On leur fixe un certain délai pendant lequel ils peuvent organiser leur voyage de retour en toute tranquillité. Pour financer celui-ci, ils auront accès à leurs épargnes et à leurs fonds de pension. Après expiration du délai, les retardataires ou les récalcitrants seront refoulés par la police ou l'armée.

Les Etats d'origine des migrants sur le retour seront, si nécessaire, rendus attentifs au fait qu'ils sont obligés de reprendre les enfants du pays. Les naturalisés dans les Etats européens seront déchus de la nationalité et devront de nouveau recevoir le passeport de leur patrie d'origine, pour autant qu'ils n'aient pas déjà la double nationalité. La double nationalité est, soi dit en passant, une ineptie, car il ne peut y avoir double allégeance.

Le petit-bourgeois démocrate actuel ne peut vraisemblablement pas se figurer une telle façon d'agir. Mais, à part le fait que la fantaisie limitée des petits-bourgeois n'a encore jamais fait bouger l'histoire du monde, les hésitations, face à la nécessité historique, sont absurdes et ne procèdent que du fait que les hommes d'aujourd'hui n'ont plus conscience de l'histoire et donc ignorent tout ce qui était possible, à condition de le vouloir, au cours des siècles et des millénaires. Tout est une question de volonté politique.

Sur le plan juridique, il n'y a rien de plus simple que l'Allemagne : étant donné que la République fédérale n'est pas un Etat, mais une *« forme d'organisation selon modalité d'une hégémonie étrangère »* (Prof. Carlo Schmid, SPD) contraire au droit international public, elle ne pouvait jamais plus émettre de passeports allemands. Le jour où les institutions du Reich allemand retrouveront de nouveau leurs droits, il n'y aura plus aucun citoyen naturalisé en République fédérale, mais plus que des étrangers qui séjourneront illégalement sur sol allemand. Voilà qui est dur à entendre, mais qui correspond à des faits fondés sur le droit public et le droit international public. Nous renvoyons les incrédules à l'énoncé des preuves au chapitre suivant ou, plus en détail, dans notre écrit *« l'Etat des Allemands »* paru également à la « bibliothèque Ghibellinum ».

Ne sont pas concernés par nos explications les mouvements migratoires au sein de l'Europe : ce qui se passe pour les travailleurs étrangers et les réfugiés européens est une affaire des seuls pays membres de la Confédération européenne, donc de la législation nationale, respectivement des accords bilatéraux. Il est loisible d'envisager que, dans le train de la réorganisation de l'Europe, se réveille aussi l'amour du pays à tel point que beaucoup regagneront volontairement leur patrie quand, dans ces pays, l'économie se remettra de l'activité vampirique du grand capital international.

C'est aussi pour les Européens ayant émigré outremer qu'une Europe dans sa forme nouvelle redeviendra attractive. Beaucoup d'entre eux reviendront. Des lacunes dans le marché du travail devraient-elles encore subsister que l'on pourra envisager des campagnes de recrutement de jeunes Blancs du monde entier ayant une bonne formation.

Après ce coup d'œil dans l'avenir, il convient de ne jamais perdre du vue que cela ne se déroulera qu'après des bouleversements violents et encore jamais avérés. Nous ne pouvons maintenant qu'œuvrer en pensées et politiquement à la préparation du jour J auquel l'histoire du monde nous convie, avec possibilité d'intervention. Ce n'est que dans une faible mesure qu'il nous appartiendra d'en dépêcher l'heure. L'ennemi doit trébucher, il tombera. Il a édifié son empire sur le mensonge et l'inhumanité ; or, un jour, cela lui sera fatal. Quant à nous, il importe que nous soyons prêts.

Objectif 4

Autodétermination
pour les Allemands et les Autrichiens

Il faut le reconnaître, tous les peuples européens souffrent des relations mutuelles présentes, mais les Allemands vivent dans une situation particulièrement indigne : la République fédérale et l'Autriche ne sont pas des Etats souverains : ils subissent, comme auparavant, le diktat des Alliés. Tout Européen devrait avoir à cœur de mettre un terme à cet état de fait. Une Europe libre a besoin d'un milieu libre — et enfin d'un traité de paix.

Pour saisir la situation en matière de droit public et de droit international public, il nous faut savoir que : la République fédérale allemande, la République démocratique allemande et la République d'Autriche résultent de solutions provisoires donnant à ces entités une apparence d'Etats ; ces statuts ont été mis sur pied par les Alliés contre le droit des peuples sur le territoire national du Reich allemand vaincu et, comme auparavant, sont toujours sous leur haute surveillance. Le traité « 2 + 4 » de 1990 n'a rien changé non plus en la matière. Le Reich allemand est, selon la Cour constitutionnelle, comme auparavant, en état de capacité juridique, mais faute d'institutions, pas en état d'agir. De même l'occupation de l'Allemagne par les USA et ses alliés, toujours d'actualité, est contraire au droit international public. Donnons ici une chronologie des événements :

29 avril 1945 : le chancelier du Reich et président du Reich en fonction, Adolf Hitler, nomme par testament le Dr Joseph Goebbels chancelier du Reich et le grand-amiral Karl Doenitz président du Reich et commandant en chef de la Wehrmacht. Après la mort d'Hitler et de Goebbels, Doenitz reste chef suprême du Reich. Il dissout le NSDAP, mène, avec ses ministres, les affaires courantes du gouvernement, et négocie avec les Alliés.

8 mai 1945 : la Wehrmacht capitule. Des accords de reddition des armées sont signés, entre le haut commandement de la Wehrmacht, autorisé par le président du Reich Doenitz, et les forces combattantes alliées de l'Ouest, respectivement de l'Armée rouge. Voici ce qui y est consigné : *« Cet acte de capitulation ne porte aucun préjudice aux conditions générales de capitulation, destinées à le remplacer, qui seront fixées par les Nations Unies ou en leur nom et qui concernent l'Allemagne et l'armée allemande comme un tout ».* Or aucun accord politique ne suit cet accord purement militaire. Le Reich allemand ne se soumet pas en tant qu'Etat. Le gouvernement ne se retire pas.

L'annonce des conditions de capitulation de la part des Nations Unies ne se concrétisera pas par la suite. Il faut dire que l'Assemblée générale des Nations Unies de 1948 demande que les quatre principales puissances victorieuses se fassent un devoir de régler leurs conflits internes et concluent la paix avec le Reich allemand. En vain. Jusqu'aujourd'hui, il n'existe pas de traité de paix.

5 juin 1945 : en Allemagne, les Alliés s'approprient, contre le droit international public, le pouvoir de gouverner au plus haut niveau (c'est la *« Déclaration de Berlin »*). Par là, le Reich allemand devient évidemment inopérant, mais continue d'exister ! Cet état de fait sera confirmé mainte fois par la Cour constitutionnelle fédérale, de sorte que rien n'a changé dans cette affaire jusqu'aujourd'hui. Le principe directeur de la décision du 31 juillet 1973, à l'origine du pacte de base entre la RFA et la RDA, est libellé comme suit : *« Il est établi que le Reich allemand a survécu à l'effondrement de 1945 et qu'il n'a sombré ni par la capitulation ni par l'exercice ultérieur d'un pouvoir étranger sur son territoire. Il est pourvu comme auparavant d'une capacité juridique, toutefois inopérant par manque d'organisations institutionnelles. »*

17 juillet au 2 août 1945 : la *« conférence de Potsdam »*, tenue par les Alliés, conclut à l'application à l'Allemagne des quatre grands « D » : Démilitarisation, Dénazification, Démontage et Démocratisation.

1946 : les conclusions de la conférence de Potsdam mèneront au Tribunal militaire international (TMI) de Nuremberg, près duquel les Alliés — à l'encontre de tous les concepts juridiques pratiqués jusqu'alors — s'érigent tout à la fois en vainqueurs, législateurs, accusateurs, juges et bourreaux. Les dirigeants du Reich sont exécutés ou, comme Doenitz et d'autres, mis en détention pour des dizaines d'années. Les *« sentences »* de Nuremberg lient la politique et la pratique juridique allemandes jusqu'aujourd'hui ! Sont concernés en première ligne la thèse officielle du génocide des Juifs et de la culpabilité de l'Allemagne comme unique fauteur de guerre. Une remise en question de ces thèses, qui passent pour *« manifestes »* (5), mènent, jusqu'aujourd'hui, en RFA et en Autriche, directement en prison.

Le remplaçant du Führer et ministre du Reich, Rudolf Hess, détenu par les Anglais, contre le droit international, depuis 1941, est aussi condamné par le TMI à perpétuité. Par là sera exclue, selon Doenitz, la seule personnalité qui eût été légitimée à revêtir la charge de chef suprême du Reich ; ce qui explique qu'il sera assassiné par un des services secrets anglais (6), le 17 août 1987, peu avant sa libération (7).

1ᵉʳ sept. 1948 : sur ordre des gouverneurs militaires alliés (*« Documents de Francfort »*) un Conseil parlementaire est constitué par les parlements des Länder des trois zones d'occupation par les forces de l'Ouest (la *« Trizonésie »*) pour cogiter sur l'avenir constitutionnel de l'Allemagne de l'Ouest. Les délégués se refusent aux prétentions des Alliés de fonder un nouvel Etat. Le Pr. Carlo Schmid (SPD), président du haut comité et détenteur du rôle clé dans le conseil, décrit, dans son discours du 8 septembre 1948, la naissance de cette *« en-*

---

5. NDT : ou *« de notoriété publique »*.
6. NDT : S.A.S. (Special Air Service est une unité de forces spéciales des forces armées britanniques).
7. *cf* : film documentaire fait par NTV, intitulé *« Dossier secret Hess »* à visionner sur YouTube.com

tité statoïde(8)», à savoir la prétendue République fédérale d'Allemagne, comme «*forme d'organisation selon les modalités d'une hégémonie étrangère*».

C'est pourquoi le Conseil parlementaire ne rédige aucune Constitution, mais seulement la «*Loi de base*» que nous connaissons.

1949 : les Alliés consentent à la Loi de base et transmettent un statut d'occupation. Le 23 mai, quatrième année de la mise à ban, contraire au droit international, du gouvernement Doenitz, entre en vigueur la Loi de base ; et le 20 septembre Adenauer proclame : «*Avec la constitution du gouvernement fédéral qui prend aujourd'hui naissance, c'est aussi l'avènement du statut d'occupation*».

Or par ce statut, les pouvoirs et les responsabilités des autorités de la RFA sont délimités, ce jusqu'aujourd'hui. Et le rattachement de la RDA à la RFA ainsi que le pacte «2+4» de 1990 n'ont rien changé à cette situation.

7 octobre 1949 : fondation de la «*République démocratique allemande*» (RDA) dans la zone d'occupation soviétique.

1955 : adhésion de la RFA à l'OTAN.

1956 : adhésion de la RDA au Pacte de Varsovie.

15 mai 1955 : le traité d'Etat concernant l'Autriche prévoit la levée de son statut d'occupation. La «*deuxième république*» devient un Etat partiellement indépendant, à la neutralité obligée, dont l'union, tant politique qu'économique avec l'Allemagne est rendue impossible.

Or la fondation de ces trois républiques sur le territoire du Reich allemand contrevient aussi bien aux Conventions de la Haye que l'expulsion de 17 millions d'Allemands des territoires de l'Est ; elle est donc contraire au droit international public. Une révision dans le cours des négociations pour un traité de paix est par conséquent incontournable.

---

8. Statoïde = n'ayant d'un Etat que l'apparence.

28 septembre 1990 : l'accord sur le pacte relatif aux rapports entre la RFA et les 3 puissances (partie I, art. 2, BGBI. 1990, partie II, p. 1398) : « *Tous les droits et obligations qui ont été fondés ou établis par des mesures législatives, juridiques ou administratives des autorités alliées ou sur la base de telles mesures, sont et restent en vigueur à tout point de vue selon le droit allemand...* » — « *La question des réparations sera réglée par le traité de paix entre l'Allemagne et ses anciens adversaires ou, auparavant, par des accords concernant cette question.* » — « *La République fédérale ne soulèvera, dans l'avenir, aucune objection contre les mesures prises ou devant être prises contre la fortune allemande à l'étranger ou autre...* » Il appert de manière suffisamment claire dans ces formulations combien la souveraineté de la République fédérale est une qualité inactuelle !

L'on sait bien que la loi de base n'est qu'un fondement provisoire pour le statut provisoire de la RFA. L'article 146 dispose que « *cette loi fondamentale... perdra sa validité le jour où entrera en vigueur une Constitution qui aura été librement décidée par le peuple.* »

La constitution allemande valable est la constitution de 1919, dont les lois sont restées en vigueur jusqu'en 1945, car elles n'ont jamais été suspendues. Avec l'article 146 la loi de base admet ne pas être une constitution et ne «*jamais avoir été décidée en toute liberté par le peuple allemand.* »

Mais comment le Reich en viendra-t-il à se doter d'institutions en état d'agir ? La voie d'accès est difficile eu égard à la situation actuelle, mais simplissime dans le principe : puisque le Reich poursuit son existence comme avant dans le cadre de sa constitution et de ses lois, le peuple de cet Etat doit choisir, sur son territoire, lors d'élections libres, sans influences extérieures, un parlement qui, à son tour, définira le gouvernement du Reich. De ce point de vue, des lois peuvent être modifiées ou de nouvelles peuvent être élaborées ; il se peut même qu'une toute nouvelle constitution entre en vigueur, si telle est la volonté du peuple allemand. Sinon constitution et lois perdureront, telles qu'elles ont servi jusqu'à leur mise hors circuit du gouvernement du Reich, le 23 mai 1945.

OBJECTIF 5

CRÉATION D'UNE CONFÉDÉRATION EUROPÉENNE

Le débat politique du présent est dominé par deux concepts qui semblent s'exclure mutuellement : le citoyen se croit obligé, ou d'adhérer à l'Union européenne actuelle, ou de rester fidèle à l'Etat-Nation à l'ancienne. Nous allons voir, dans ce qui suit, qu'il existe encore une autre possibilité et que seule cette troisième voie conduit à une solution.

Que nous devions refuser la forme actuelle de l'Union européenne va de soi : elle est dirigée de l'extérieur, son centre de gravité n'est pas en Europe, mais sur la côte Est des Etats-Unis d'où s'exerce la puissance militaire, politique, économique sur notre continent. Or le capital international a besoin de grands espaces économiques pour pouvoir soumettre totalement l'homme et la nature. De plus, l'Union européenne offre une plateforme sure pour le mélange tant convoité des cultures et des races, qui n'est autre, en réalité, que leur anéantissement. Le but de ce concept de *«monde unique»* (*«One World»*) est une civilisation planétaire selon le schéma américain. L'immigration d'individus au comportement et à la culture incongrue est encouragée au plus haut degré par l'UE et par les gouvernements de marionnettes de chaque pays, alors que le chiffre des naissances des indigènes ne cesse de décroître. Nous autres Européens sommes sur la voie toute indiquée pour devenir une minorité dans nos propres pays. Si les rapports actuels durent encore une génération, alors la fin de l'Europe est en vue.

Allons-nous retourner à l'Etat-Nation antédiluvien ? C'est une idée suave que caresse plus d'un patriote bien intentionné. Et en effet, l'aspiration à des Etats présentant de nouveau plus d'uniformité ethno-indigène(9) et culturelle doit

---

9. En allemand : *völkisch*.

faire son chemin. Mais, en même temps, l'histoire des deux guerres mondiales a montré qu'un seul Etat, même s'il mène un combat héroïque, doit finalement perdre contre les mondialistes aux engagements planétaires. Le Reich allemand et le peu d'alliés qu'il comptait n'étaient pas à même de tenir tête aux coalisés du système capitalistico-bolchevique. Les Etats-Unis, après les deux guerres, se sont redressés, grâce au vol massif de brevets et de savants allemands, pour devenir une puissance technologique pilote, et dominent le monde — provisoirement encore — par leur potentiel nucléaire. La tactique : des Etats, décrétés *« Etats-voyous »*, sont d'abord exposés à une campagne de diffamation médiatique mondiale ; si cela ne suffit pas, ils sont étranglés économiquement pour finir par être ramenés à la raison militairement. Il s'ensuit que l'idée de l'Etat-Nation autarcique est obsolète. Les peuples ne peuvent plus se libérer tout seuls.

Il reste donc, comme seule issue, une variante : la troisième possibilité. Il nous incombe donc de faire concorder les postulats justifiés des deux idées, l'européenne et l'ethno-indigène nationale. Mais précisons ce que voulons-nous : nous voulons des peuples qui puissent vivre conscients d'eux-mêmes, identiques à eux-mêmes, sur un sol et des assises correspondant à leurs caractéristiques particulières profondes. Or même cela, les maîtres du monde actuels cherchent à empêcher, parce que, pour eux, le métis sans racine est beaucoup plus facile à manipuler. Vous comprendrez pourquoi nous devons travailler à l'édification d'une puissance suffisamment forte pour contraindre les internationalistes à la défensive.

Les Européens lucides voient aujourd'hui clairement que la défaite du Reich allemand lors de la guerre allant de 1914 à 1945 est en réalité une défaite de toute l'Europe. Car les puissances prétendument victorieuses que sont l'Angleterre, la France et la Russie, sont, elles aussi, devant les ruines de leur défunt empire et sous peu devant celles de leur propre existence ethnoculturelle. Les penseurs intelligents d'orientation nationale, quel que soit leur pays, savent qu'ils doivent tirer à la même corde s'ils veulent se libérer de la peste du mondialisme.

Un projet politique qui se veut vraiment européen, doit franchement envisager une inversion de l'UE. L'Union européenne est pratiquement impuissante dans sa politique extérieure et celle de la défense, appendice qu'elle est de l'axe Washington-Jérusalem. Comme pour remédier à cette faiblesse, elle fait d'autant plus miroiter ses avantages à l'intérieur et conseille ses pays membres dans toutes les affaires économiques, politico-financières, culturelles et juridiques. Or c'est précisément au contraire que nous aspirons : la future Europe doit parler vers l'extérieur d'une seule voix et, si nécessaire, frapper d'un seul poing ; vers l'intérieur, en revanche, elle doit laisser toute liberté à ses peuples de régler leurs propres intérêts à leur manière et selon leurs besoins. L'Europe est un organisme, pas une machine !

Des hommes d'Etat conscients de leurs responsabilités, émanant de différents peuples, ont toujours mis l'accent sur l'exemple que représente la Confédération suisse pour la future collaboration européenne. Et c'est aussi à une Confédération européenne que pensaient les nombreux volontaires européens qui, lors de la dernière guerre, ensemble avec leurs compagnons d'armes allemands défendirent la *«forteresse Europe»*. L'appellation *«confédération»* procède des 13e et 14e siècles alors que les petits pays de la Suisse centrale et les villes voisines se réunirent, par serment, en une alliance offensive et défensive, fidèle à l'empire, contre les assauts des princes territoriaux. Mais, malgré une politique de défense commune, chaque petit pays restait autonome et maître chez soi. Il n'en résulta aucun mélange entre les Suisses allemands et les Suisses français et italiens qui adhérèrent plus tard à l'alliance. Aujourd'hui encore, les frontières sont clairement établies entre les territoires linguistiques. Et pourtant, depuis des siècles, règne un sentiment politique d'appartenance mutuelle entre confédérés alémaniques et latins (romands et tessinois).

Voilà l'avenir de l'Europe si nous, Européens, voulons survivre ! Une alliance de tous les Etats européens, avec une politique extérieure et de défense commune, où chaque peuple conserve son autonomie étatique et culturelle : la Confédération européenne s'en porte garante ! Et, chemin faisant, un traité de paix sera enfin conclu entre les anciens ennemis des deux guerres mondiales, dans lequel pourront être évoquées les injustices de l'ordre d'après-guerre présent et provisoire et, autant que possible, éliminées par des règlements à l'amiable. Une Europe ainsi confortée pourra finalement conclure à égalité avec la Russie ces convenants d'amitié qui, pour les deux parties, sont stratégiquement et économiquement importants pour devenir autarciques et pouvoir s'affirmer à tout moment contre des puissances étrangères.

C'est un grand objectif que nous avons ici esquissé. Le chemin pour y parvenir est rocailleux. Il est capital de rendre les Européens endormis conscients de leur oppression et du danger qu'ils courent à être emprisonnés dans leur propre patrie s'ils s'engagent pour leur peuple et pour la vérité historique et politique. Cette prise de conscience conduira à la compréhension que seul un soulèvement de toute l'Europe contre les oppresseurs de la liberté et de l'autodétermination peut être salutaire.

OBJECTIF 6

TRANSFERT DE LA MONNAIE ET DES MÉDIAS DANS LA PROPRIÉTÉ DU PEUPLE

Tour d'abord il convient de rompre avec la superstition selon laquelle l'or a, à notre époque, encore quelque chose à voir avec la monnaie. La monnaie et sa stabilité est le miroir de l'efficience et de la solidité du crédit d'une économie nationale et ne nécessite en aucun cas la mise en rapport avec le stock des réserves d'or. Pour nous, l'argent doit être un réservoir de valeurs pour l'échange de marchandises et de prestations de services, non pas un objet de thésaurisation destiné exercer le pouvoir par des privés. Dans les cultures traditionnelles, l'or était l'expression de la sagesse et de la beauté des forces solaires cosmiques. Les vieux Germains le considérait comme propriété des dieux et méprisait sa possession par les hommes. Ainsi Fort Knox n'est qu'une caverne de brigands pour ce trésor des Nibelungen. Le dragon qui y repose, qu'il prenne garde ! Nous l'avons percé à jour : *c'est la première étape de la dépossession du pouvoir du grand capital apatride.*

La mesure suivante dans l'ordre des urgences est en même temps une évidence : le contrôle sur les banques d'émission, sur la circulation monétaire, la monnaie, la stabilité de celle-ci, etc., passera de mains privées ou semi-privées de nouveau totalement à l'Etat. L'ère des manipulations monétaires opaques, des transactions financières et des sournoises manigances des fauteurs de guerres, par soif de pouvoir et d'argent, sera ainsi terminée : *ce sera la deuxième étape de la dépossession du pouvoir du grand capital apatride.*

Afin de rendre à l'argent le rôle ancillaire qui lui revient, l'économie privée, basée sur l'intérêt, devra avant tout être abolie. D'abord l'intérêt rend possible les revenus absurdes non issus d'un travail : il est ce qui permet que les riches deviennent toujours plus riches et les pauvres plus pauvres. Les mesures nécessaires sont aisées à exécuter quand les rapports de pouvoir auront changé : il suffira de retirer la protection juridique à la perception d'intérêts sur les affaires privées. L'argent ne sera prêté qu'à des taux d'intérêt bas par des banques d'Etat et des banques coopératives. La taxe prélevée ira de la sorte à l'Etat, respectivement aux corporations du peuple, plutôt que dans la bourse de privés : *ce sera la troisième étape de la dépossession du pouvoir du grand capital apatride.*

Parallèlement à la réforme monétaire, il conviendra de procéder à une réforme foncière. Le sol, en tant que base naturelle précieuse et non multipliable, ne peut rester dans les mains de la meute des spéculateurs et abandonné à l'égoïsme des rapaces de la terre. La communauté a ici son mot à dire. Les propriétaires du sol doivent à l'avenir s'appeler communes ou coopératives, qui remettront le pays à des personnes physiques et morales nanties des droits emphytéotiques de construction, d'usufruit et d'héritage. Tel était l'usage dans la vieille Germanie et tel est encore partiellement l'usage dans les corporations veillant sur les biens communaux en Suisse centrale. Ce n'est pas du bolchevisme : personne ne sera dépossédé de ses biens ni chassé de sa maison ou de sa ferme. Le paysan, l'entrepreneur ou le simple propriétaire d'une maison, restera propriétaire. Mais à l'avenir, il payera le loyer foncier à sa propre coopérative ou à sa commune de résidence plutôt qu'à la banque. Ce ne seront donc pas seulement les intérêts du capital, mais aussi les loyers fonciers qui, par ces mesures, reviendront au peuple et ne finiront pas dans la poche des barons de la finance. Il est donc facile de calculer la quantité d'impôts qui sera épargnée : *ce sera la quatrième étape de la dépossession du pouvoir du grand capital apatride.*

À l'avenir, ne disposeront des médias que les corps constitués : corporations, chambres et institutions d'Etat, qui offriront évidemment aussi la possibilité de s'informer au travers des médias étrangers. C'est donc ainsi, tel qu'ils l'auront souhaité, que seront garantis aux citoyens informations et culture ; car la prétendue liberté de la presse s'est révélée, durant les deux siècles de son existence, comme la plus amère des illusions. Elle a permis aux plus riches du monde de s'approprier le monopole des médias et de réprimer depuis lors la variété des opinions pour les orienter à leur avantage. La manipulation du peuple par des agences douteuses, par des journalistes et des rédacteurs que personne ne connaît et que personne n'a choisi, s'est manifestée de manière croissante, dans les deux derniers siècles, par un puissant lavage des cerveaux. Il incombera donc à l'Etat et à ses institutions d'assumer à l'aide des médias une de leurs tâches les plus élevées. Ce n'est que par ces mesures que la pluralité des opinions sera rendue possible, parce que la dictature sournoise du *«politiquement correct»* aura vécu : *ce sera la cinquième et dernière étape de la dépossession du pouvoir grand capital apatride.*

Objectif 7

Restauration de la Tradition :
Lutte contre la décadence et contre la destruction de la nature

Quand l'abstraction spectrale de *« l'égalité de tous les hommes »* se sera enfin dissoute, alors nous pourrons aussi revenir à une nouvelle structure organique des peuples dont le principe sera : *« à chacun ce qui lui revient »*. Chacun reçoit, selon ses capacités et son caractère, la place qui lui revient. Tout comme, dans la nature, les herbes, les buissons et les arbres constituent l'organisme appelé *« forêt »*, ainsi les esprits plus ou moins performants constitueront ensemble la société, mais dans un ordre hiérarchique clair.

C'est la condition absolue de toute haute culture du passé et de l'avenir que le maintien d'une hiérarchie conforme au degré d'élévation de l'esprit et du caractère de ses pères fondateurs et promoteurs. Nous voulons instituer un ordre qui marient les éléments sociaux et aristocratiques et reconnaisse un principe du chef qui ne soit autre que le principe de responsabilité et d'engagement total du gouvernant. L'expression correspondant à cette forme de société est la **méritocratie**, autrement dit la prévalence d'une noblesse du mérite, d'une classe sociale se distinguant par l'excellence de ses performances.

Qui estime cette vue incongrue, ou même accablante, ouvre les yeux sur deux évidences ! Premièrement, il y a toujours eu des dirigeants et des dirigés. Deuxièmement : c'est encore le cas aujourd'hui, sauf que les fragrances démocratiques azurées que l'on nous fait humer cache le fait qu'en réalité le grand capital international anglo-américain et juif a toutes les ficelles en main et que nous sommes manipulés de la manière la plus abjecte par les médias qui se trouvent en leur possession ; mais avant tout, que les gouvernants actuels ont planifié et exécuté, non pas la prospérité, mais la chute des peuples européens et de leur culture. Leur sauvetage ne consistera qu'en la mise au pouvoir d'un choix des meilleurs issus de nos rangs.

Nous vivons aujourd'hui dans une société de consommation effrénée. N'est respecté que celui qui a de l'argent et peut se manifester par des signes extérieurs de richesse, ce qui fait que les hommes de la finance sont, la plupart du temps, d'extraction vulgaire ou nantis de cyniques dispositions mentales. Nos conditions au sein de la civilisation le prouvent. Que l'argent et l'esprit soient plus éloignés que jamais l'un de l'autre, voilà qui appartient aux signes de la société d'après-guerre. Nous devons quitter cette société de pure acquisition pour intégrer une société hiérarchisée, où compte non pas le salaire, mais bien le mérite. Nous devons quitter l'esprit d'épicier pour cheminer vers une dignité de créateurs de culture, d'idéalisme, de fidélité, d'accomplissement du devoir. Afin de concrétiser l'ordre nouveau, il convient d'assurer que la gestion de l'argent soit telle qu'il parvienne dans toutes les mains qui l'investissent dans le sens d'une vraie création culturelle et non pas pour satisfaire un égoïsme de groupe contraire aux intérêts du peuple. Ce dont nous n'avons que faire est le *« pluralisme »* et la *« société ouverte »*. Ces slogans ne sont que les paravents derrières lesquels peuples et cultures doivent être défaits.

À côté de la pensée européenne et de l'idée du Reich, il y a le peuple, le principe supérieur de l'ordre futur ; la société originelle n'est que l'art et la manière selon lesquels un peuple est structuré. Elle revêt donc un caractère unitaire, fermé. Par là seulement, elle rend possible l'épanouissement d'authentiques personnalités, alors que la société pluraliste (ou pluralisme social), en règle générale, ne met en évidence que l'individu perdu dans la masse, égoïste et névrosé. Ni l'Athènes classique, ni la Renaissance italienne, ni le classicisme français ou allemand, ni même l'empire planétaire anglais, n'ont été les fruits d'une société multiculturelle.

Une structuration sensée, cohérente, de tout l'organisme qu'est un peuple trouve sa réalisation quand, aux côtés de la direction politique, entrent en tant que corporations indépendantes, l'économie et la culture ; elles ont, à l'intérieur de l'Etat, des pouvoirs d'auto-administration étendus et des devoirs à l'avenant : à la chambre économique sont soumises les législations économique et sociale, à la chambre culturelle les législations sur la formation et la promotion culturelle. Aussi, concernant l'économie extérieure ou les échanges culturels avec d'autres pays, l'Etat laissera-t-il les corporations traiter en toute indépendance, aussi longtemps qu'aucun intérêt d'ordre supérieur ne sera lésé.

La chambre économique sera responsable devant le peuple du ravitaillement, la chambre culturelle, de la vie intellectuelle. L'Etat, au sens strict, veillera à l'intégrité du territoire, à la constitutionnalité des lois et au bon fonctionnement du droit.

Si cette organisation vient à être attaquée, alors, en rapport avec toutes les autres mesures décrites précédemment, un nouveau fleuron de la culture populaire et classique sera mis sur pied aussi en toute sécurité. Le cauchemar de la crétinisation internationale, la décadence et la perversion, disparaîtront, et des forces insoupçonnées, jusqu'alors englouties dans les interdits intellectuels, surgiront de nouveau en pleine lumière. Les peuples se souviendront de ce qu'ils sont, ils seront fiers de leur passé et œuvreront pleins d'espoir dans le futur.

Les familles se conforteront à nouveau, l'Etat favorisera, par des prêts aux nouveaux couples, la joie d'avoir des enfants et la jeunesse renouera avec la tradition des « *Wandervôgel* » (10) à travers toute l'Europe. Les valeurs de beauté et de caractère s'imposeront de nouveau en tant qu'idées-forces des artistes dans galeries d'art, les théâtres et les opéras.

---

10. *Wandervâgel* (oiseaux migrateurs) mouvement de la jeunesse allemande d'avant la 2ᵉ guerre mondiale

Dans les champs travailleront les paysans qui, par l'instauration d'une loi sur la succession paysanne, seront désendettés et reprendront leur rôle de colonne vertébrale du peuple. Ils auront à leurs côtés, pendant les moments les plus astreignants de l'année agricole, les organisations de jeunesse, les étudiants et les volontaires. Grâce à ces aides, ils pourront se convertir à l'agriculture biologique exigeant un travail intensif et contribueront par là, de manière considérable, au bon état de santé du peuple et à la protection de la nature. Les corporations agricoles mettront le capital grainier sous surveillance de l'Etat même. C'est ainsi que les paysans pourront se libérer des griffes des multinationales du pétrole qui, dans leur intention de monopoliser la production de semences, sont déjà fort avancés.

L'abolition du système basé sur l'intérêt entraînera aussi celle de la nécessité d'une constante croissance économique qui ne sert en aucun cas les peuples, mais bien les requins de la finance de Wallstreet et leurs acolytes. Le pillage et la pollution de la planète Terre, tous deux débridés, le délire de la mobilité et l'avidité d'énergie prendront fin. Les centrales nucléaires seront remplacées par des sources d'énergie renouvelables. La Terre pourra peu à peu recouvrer la santé et devenir pour l'homme une véritable patrie.

À QUI PROFITE LA LOI ANTIRACISTE ?
Une conférence de Bernhard Schaub

« Un pays n'est pas libre lorsque la liberté d'expression y est limitée par des peines sévères. »
Prof. Karl Albrecht Schachtschneider

> Cliquez ici pour télécharger <

Le grand Kant a dit, à propos de la liberté d'expression, qu'il fallait pouvoir parler de tout, vrai ou faux. Je ne sais pas ce qui s'est passé exactement lors de l'holocauste, je n'y étais pas. Mais je n'en discute pas, car c'est interdit. On ne peut pas en débattre, même pas scientifiquement. Nous ne sommes pas dans un pays libre.

Si nous acceptons l'évolution des dernières décennies — la décadence, la destruction de notre culture, de notre morale, de ce qui nous est important, de notre religion — alors nous devons accepter la loi antiraciste sans discussion. Si nous refusons cette évolution, il faut abroger la loi antiraciste. Le plus tôt sera le mieux. Mais comment y parvenir ? Ce qui est réconfortant, c'est que l'ennemi commence à battre en retraite. Les informations dont je vous parle, sans pouvoir être trop explicite, se diffusent rapidement.

Il est interdit de porter atteinte à la Confédération du moins tant que l'esprit de Guillaume Tell subsiste en nous.

PARTIE II

NATURE, GENÈSE ET MANIÈRE
D'AGIR DE L'ACTION EUROPÉENNE

L'Action Européenne est le mouvement pour la libération et l'indépendance de l'Europe et de ses peuples. Son but est une confédération européenne. Nous entendons par là une alliance d'Etats avec politiques extérieure et de défense communes, mais aussi indépendante que possible dans les politiques intérieure, culturelle, économique et financière de chaque pays membres. La Confédération européenne doit donc dissoudre l'actuelle formation de l'EU et de l'OTAN, d'extraction étrangère, et ramener l'Europe en tant que grande puissance dans la politique mondiale.

La première étape sur le chemin d'une Europe libre est le rétablissement de la libre expression. Dans les dernières décennies, dans de nombreux pays européens, des lois sont entrées en vigueur qui interdisent aux citoyens d'exprimer librement leurs pensées dans des domaines de la politique d'importance vitale. Aux zones taboues appartiennent par exemple la politique en matière d'*immigration*, la problématique des races et la recherche en *histoire contemporaine*. De telles lois-bâillons sévissent particulièrement en République fédérale d'Allemagne, en Autriche, France, Belgique et Suisse.

Mais la libre parole est aussi massivement limitée dans d'autres Etats par d'hypocrites lois *« antidiscrimination »*. La première phase de notre combat libératoire devra être une croisade édificatrice pour la **vérité**, la **liberté** et la **justice**.

L'ACTION EUROPÉENNE (AE) a formulé ses principes et ses volontés dans les 7 objectifs cités précédemment. Son symbole est *la croix d'or européenne en son anneau du même sur fond azur*. Tout Européen, selon son origine, qui soutient les 7 objectifs, est dès lors bienvenu comme militant. Il sera accueilli par le chef du point de base local avec une poignée de main ou s'annoncera comme militant solitaire ou bienfaiteur directement auprès du secrétariat central. Les futurs responsables de fonctions de l'AE signent une promesse d'engagement.

L'AE n'est pas une association ni un parti. Elle n'a pas de statut, ne compte pas de membres, ne perçoit pas de contribution financière de membres. Nous sommes un mouvement, mais un mouvement organisé. Les unités opérationnelles de l'AE sont les points de base. Ils se déterminent en toute indépendance, tant sur le plan des personnes que sur le pian de la gestion financière : ils nomment donc leur chef et financent eux-mêmes leurs actions. En outre, ils s'acquittent d'une contribution mensuelle à la caisse centrale selon leurs possibilités financières. La moitié des contributions consignées est destinée aux directions nationales, l'autre est à disposition de la Centrale (secrétariat, propagande, instruction, etc.). L'activité des militants est une fonction honorifique. Les frais peuvent être remboursés. À côtés des activistes honoraires, il faut surtout des collaborateurs à plein temps qui ne puissent faire l'objet de chantage économique et dont les besoins vitaux doivent par conséquent être couverts par l'AE : sont concernés en particulier les chefs, orateurs et publicistes qui affrontent le public. Ils doivent être payés, non parce qu'ils travaillent, mais bien pour qu'ils puissent travailler. Pour ce faire, l'AE sollicite de bienveillants donateurs. L'AE ne veut aucune bureaucratie ; elle compte sur la faculté d'enthousiasme, l'imagination et la discipline de ses militants, aussi en matière de finance. Si ces qualités ne sont pas observées, un mouvement de libération n'est pas possible.

Un **point de base** se compose de trois à sept personnes habitant au même lieu ou dans le voisinage géographique. Le **chef de base** est responsable sur place de la planification et de l'exécution des actions politiques proposées ou ordonnées par la direction de l'AE. Il mène aussi à bien ses propres actions qu'il estime en conformité avec les 7 objectifs. En outre, il procédera à l'instruction de ses camarades militants sur les questions politiques et d'appréhension générale du monde et de la société. À cet égard, il les convoquera hebdomadairement à une rencontre au point de base. Il collectera l'argent destiné aux actions et à la caisse centrale. Ses camarades militants ne seront connus que de lui. Aucune liste centrale des adhérents au point de base ne sera instaurée.

Les chefs de base d'un territoire donné sont aux ordres d'un **responsable régional**. Tous les responsables régionaux d'un Etat constituent le **comité national**. Les membres du comité national désignent comme président un **responsable national**.

Au sein de l'AE travaillent 7 départements avec leur **chef de département** :

— Secrétariat central
— Trésorerie avec caisse centrale
— Travail de caractère et de destination publics (impression – film – son – réseau mondial – édition – envoi)
— Instruction et travail pour la jeunesse
— Conseils juridiques
— Conseils économiques
— Sécurité

L'instance suprême de l'AE pour les décisions de principe est le **Comité central européen**, composé des responsables nationaux de tous les Etats d'Europe au sein desquels l'AE est active, ainsi que des chefs des 7 départements susnommés.

Organigramme de l'AE :

Comité central européen
Comité national   Comité des départements
Responsable régional
Chef de base

La synergie au cœur de l'AE suit le principe de subsidiarité : chaque niveau travaille le plus indépendamment possible dans le sens des 7 objectifs selon des indications générales des organes supérieurs. Les comités nationaux et des départements collaborent étroitement et se complètent même par concertation mutuelle. Lors de décisions internes de grande importance (*p. ex.* exclusion d'un haut responsable de fonction) un tribunal d'arbitrage sera institué. Les collaborateurs des points de base qui contreviennent à tout ou partie des 7 objectifs, qui violent le devoir de camaraderie et d'adhésion totale ou qui, de toute autre manière, nuisent à l'AE, seront exclus par le chef de base, d'entente avec le responsable régional, de toute collaboration ultérieure. Si l'exclusion concerne les chefs de base en personnes, la décision sera prise par le responsable régional d'entente avec le comité central.

Il sera donné suite de manière stricte aux directives du service de sécurité. Les textes fondamentaux et les directives générales seront admis par le comité central sur le site du réseau internet : europaeische.aktion.org[11]. Pour toute directive particulière subsiste la voie de service. L'on souhaite parvenir à ce que chaque responsable de fonction n'ait pas plus de 5 à 7 collaborateurs avec lesquels il doit être immédiatement en communication. Tout le matériel d'information et de propagande pour le public sera disponible sur notre site internet dans toutes les langues européennes possibles. Le

---

11. Il est a constaté que vous pourriez avoir un message d'avertissement stipulant le caractère dangereux de la visite de ce site. Cliquer sans peur sur *avancé* et puis sur *Procéder malgré tout* (advienne ce qui pourra). À vous de voir maintenant …

site est à la fois l'instrument central de direction avec lequel les informations seront répandues et les actions amorcées. Ici l'AE se distancera aussi de faux amis ou d'actions contre-productives. Chaque comité national forme, avec le temps, son propre chapitre sur le site indigène commun.

C'est vers le secrétariat central que convergent provisoirement les messages. Il est le premier lieu d'adresse et de renseignements pour les observateurs extérieurs. C'est aussi de là que sont annoncées toutes les dates d'événements organisés par l'AE, d'une part pour pouvoir les indiquer aux intéressés, d'autre part pour éviter les chevauchements. Les comités nationaux mettront sur pied plus tard chacun leur propre secrétariat.

Un soin particulier doit être prodigué à l'instruction des cadres, des orateurs et de la jeunesse. À ce titre il convient d'organiser couramment des soirées, des cours en fin de semaines et des camps d'été. Cette instruction ne doit pas véhiculer que des connaissances, mais aussi des aptitudes et éveiller une conscience de style. Nous voulons, au sein de l'AE, que style et contenu soient identiques.

L'AE organise, au niveau national, régional et des points de base, des actions politiques concrètes, de même que des événements culturels, et crée des structures pour l'aide à l'autonomie économique. Exemples :

Actions de propagande politique : envois de lettres par poste ou courriel, tractage, actions sur le réseau Internet, action dans les stands avec musique (européenne !) et théâtre de rue, manifestations, cérémonies discursives, fixation de banderoles sur les ponts d'autoroutes, à des ballons captifs, à la queue de petits avions, prises de parole de toute sorte jusqu'à utiliser une voiture haut-parleur lors de manifestations d'étrangers...

Manifestations culturelles : concerts de musiques classique ou folklorique (vraie !), représentations théâtrales, soirées de lectures, projections de films (toujours avec présentation de livres sur tables), cours de formation linguistique, de gymnastique, week-ends de danse populaire, événements sportifs, fondation de chœurs, orchestres, harmonies, fanfares...

Travail pour la jeunesse : soutien ou formation de nouvelles fédérations de jeunesse, d'écoliers, d'unions estudiantines, de groupes sportifs et culturels...

Encouragements au développement familial : groupes d'enfants, conseils sur la grossesse et la maternité (allaitement, etc.) pour les futures mères, conseils sur la santé et l'hygiène, sur la cuisine à base d'aliments complets, conseils sur le style et la coupe de vêtements, offre de bons livres pour enfants, soirées de contes et contines, théâtre de marionnettes, aide au voisinage...

Autonomie économique : actions et aménagements utiles à la communauté, fondation de sociétés, assurances et banques sociales, associations de producteurs et consommateurs, p. ex. soutien aux exploitations agricoles biologiques et à l'artisanat local...

Le principal pour terminer : l'Action européenne se veut un organisme en mouvement. Nous ne sommes pas une association assimilable à celle des partis aux structures inamovibles, mais avons, au contraire, un programme souple pouvant opportunément être modifié à tout moment. Nous serons fermes sur nos objectifs ; mais leurs structures sont vivantes au possible afin de répondre aux situations et exigences nouvelles. Lors de la solution décisive chaque groupe aspire fondamentalement au consensus. L'intervention autoritaire d'une part ou l'abstention d'autre part devra rester l'exception. La plus grande influence sera le fait des plus vertueux, des plus intelligents, des plus fidèles. Ceci étant réglé, nous entendons mettre en pratique le principe de l'adhésion totale qui s'édifie sur l'acquis d'une maturité de l'éveil à un niveau supérieur, à une conscience de la responsabilité, en aucun cas sur un esprit de soumission. Tous les responsables de fonctions feront leur travail au plus près de leur conscience ; les postes seront assumés pour des durées déterminées. Chacun quittera sa fonction, dès qu'un meilleur que lui se profilera ; il cherchera alors une place comme collaborateur là où il se sent le plus qualifié. C'est ainsi que nous nous apprêtons déjà au sein de l'AE à roder cette forme d'Etat que nous estimons appropriée à la future Confédération européenne : la **méritocratie**, c'est-à-dire la prévalence dans la société d'une classe aristocratique issue du peuple par les performances et le mérite.

Fig. 1
L'alliance entre la Confédération européenne et l'empire russe
(*Dessin de l'auteur*)

PARTIE III

LES POSITIONS GÉOPOLITIQUES DE L'ACTION EUROPÉENNE

L'Europe

La péninsule eurasienne, que nous appelons Europe, prend, relativement à la masse continentale de la Terre, une situation médiane. Ses côtes s'ouvrent à l'espace atlantique ; quant à son étendue continentale, elle est réunie à la Russie et à l'Asie, l'Europe méridionale faisant le pont avec l'Afrique.

Cette situation géopolitique favorable a rendu possible par le passé la grande extension de la puissance des Etats européens. D'autre part l'Europe, continent petit et vulnérable, est en danger permanent d'invasion par des puissances d'une autre aire géographique. Son histoire est jalonnée de combat pour sa défense contre les Huns, les Arabes, les Mongols et les Turcs. Mais par les massacres mutuels lors des deux dernières guerres mondiales, les Européens ont creusé leur propre tombe. Les héritiers de la puissance européenne furent le capitalisme américain et le bolchevisme soviétique. Toutefois comme le communisme ne fut en réalité qu'un caillou dans le jeu des ploutocrates judéo-anglo-saxons, l'Etat soviétique put être aboli sans autre au début des années 1990. Les ploutocrates comptaient de toute évidence, après avoir consacré un certain temps au *« diviser pour régner »*, étendre aussi, maintenant, leur domaine directement sur l'ancien bloc de l'Est, ses matières premières et ses marchés assoiffés. Pour se débarrasser de l'hégémonie des ploutocrates, il convient de conférer une urgente priorité à une authentique politique de réorganisation de l'Europe et de la Russie.

Dans le train de la reconquête de l'indépendance européenne, il s'agit avant tout d'établir définitivement l'ordre et la paix en Europe. La plupart des Européens, et d'autres citoyens de par le monde, ignorent qu'après la 2e guerre mondiale aucune paix n'a été conclue officiellement, parce que le Reich allemand, dans les semaines de l'immédiat après-guerre, avait été dépossédé par les Alliés occidentaux, avec préméditation et en violation du droit international public, de ses organes institutionnels, en particulier de son gouvernement. La République fédérale allemande, la République démocratique allemande et la République d'Autriche étaient, respectivement sont, des solutions provisoires issues des Alliés. Les négociations, censées enfin aboutir à un ordre post-conflictuel juste, doivent, selon le droit international, partir des frontières des Etats telles qu'elles existaient le jour ayant précédé l'éclatement de la guerre, soit le 31 août 1939 (Fig. 2).

Que la République fédérale ait renoncé, dans les années 1970, aux territoires de l'Est, est sans importance, puisque ces territoires (Prusse orientale et Dantzig, Silésie, Poméranie, Brandebourg oriental et les territoires limitrophes de Bohême, appelé pays des Sudètes) n'ont jamais appartenu à la République fédérale et que les autorités de cette dernière n'ont pas eu, du point de vue du droit public, la possibilité de disposer de territoires du Reich allemand.

Les négociations de paix incluront la question des expulsions et de leur annulation. Lors de questions frontalières litigieuses, il convient de partir, parallèlement à la situation nationale, aussi de la situation ethnico-linguistique de la période préconflictuelle (Fig. 3).

Il est à prévoir que les négociations de paix donneront lieu à d'âpres discussions ; elles ne devront pas être contournées. Mais quand les concernés seront tous convaincus qu'un ordre pacifique pour les Européens et les Russes est une affaire de survie, les pourparlers pourront tout de même se poursuivre dans une atmosphère amicale et les épisodes douloureux être surmontés.

Russie

L'Europe, comme concept culturel, comprend la Russie. La Russie est une partie de l'espace culturel européen sous quatre aspects :

— comme territoire occupé par la race blanche ;
— comme fondation des nordiques Varègues (« *Rus'* ») ;
— comme partie du monde slave ;
— comme centre de la chrétienté orthodoxe (la « *troisième Rome* »).

Sous l'aspect politique, la Russie, particulièrement par l'inclusion de la Sibérie asiatique, est un domaine de puissance propre qui suit d'autres lois géopolitiques que la vieille Europe classique. C'est pourquoi nous voyons l'empire russe, il est vrai, comme partenaire naturel d'une alliance, mais pas comme partie intégrante d'une Europe politiquement unifiée et indépendante.

La vieille Europe et donc la Confédération européenne, comme fusion politique des pays européens, atteint dans l'Est la ligne Reval — Embouchure du Danube. Cela signifie que nous considérons la Finlande (avec la Carélie), la Baltique, la Prusse orientale (Koenigsberg), les peuples slaves de l'Ouest et du Sud, de même que la Bulgarie, la Roumanie, la Bukovine et la Moldavie (Bessarabie), comme territoires européens.

En revanche, la Biélorussie et l'Ukraine, y compris la Galicie, font partie de l'histoire et de la culture russe. Sous quelle forme elle conservera sa propre réalité étatique, voilà qui est considéré, du côté de l'Action européenne, comme une affaire intrarusse. L'idée confédérale amènera-t-elle peut-être le futur empire russe à s'organiser en confédération, à assurer aux peuples adhérents une grande liberté de formation en matière de politique intérieure, culturelle et économique et à ne conduire lui-même que les domaines de la politique étrangère et de la défense. À cette condition, Géorgiens et Arméniens seraient probablement aussi acquis à l'idée de se remettre sous protection russe, au lieu de se laisser malmener par la politique des Etats-Unis, leur servant de terrain de manœuvres.

La même chose pourrait valoir pour les Etats musulmans du flanc Sud de la Russie. L'Europe a un intérêt évident à ce que la Russie soit aussi forte que possible dans ses directions Sud et Est. Les territoires essentiellement blancs du domaine traditionnel d'occupation russe (Grande-Russie, Biélorussie et Ukraine) devraient toutefois veiller, par des législations de politique intérieure claires, à ce que les peuples islamiques ne jouent aucun rôle religieux ou ethnique dans les parties de l'empire russe occupées par les Européens, mais s'en tiennent aux frontières de leurs territoires d'occupation traditionnelle.

La Russie doit accorder une attention particulière au domaine sino-mongol. La position géostratégique favorable de la Chine, ses développements démographique, économique et technico-militaire font clairement d'elle le principal concurrent de la Russie dans la politique asiatique. La Chine pénètre en force déjà aujourd'hui en Sibérie avec ses myriades d'hommes, ce qui semble à peine inquiéter le présent gouvernement russe. Mais il va de l'intérêt vital tant de l'Europe que de la Russie d'affecter claire limite à ce développement. L'Europe doit soutenir la Russie dans la sauvegarde de la Sibérie en danger. Il serait souhaitable que la Chine obtienne de nous le message suivant : *« Nous voulons vivre en paix avec l'Empire du Milieu. Mais l'influence chinoise doit s'arrêter sur les rives de l'Amour et à la chaîne du Pamir ».* Ce que la Chine, en revanche, entreprend en direction du Sud-Ouest, nous ne le considérerons pas comme dirigé contre nos intérêts.

Une alliance russo-européenne garantira à la Russie l'accès sans problème à l'Atlantique par la mer du Nord et la Méditerranée par les détroits dano-suédois, par le Bosphore et les Dardanelles, de même que par le détroit de Gibraltar, car les points de base que constituent Gibraltar et Ceuta pourraient être administrés, comme ceux de la mer de Marmara, directement par la Confédération européenne. L'Action européenne respecte l'intérêt qu'à la Russie pour ses flottes civile et militaire d'aborder dans les ports sans glace de l'océan Indien.

Il y a pour la Russie deux possibilités principales d'en venir à des liaisons maritimes optimales :

1) s'assurer la zone Sud de la mer Noire, de même que la chaîne Pontique, et s'aventurer par le Bosphore, sur sa rive d'Asie Mineure, ou

2) par l'Afghanistan et le Baloutchistan, à l'embouchure de l'Indus.

À l'Ouest, la Russie sera couverte dans l'avenir : de même que la Russie protégera l'Europe de l'Est de l'Asie, l'Europe protégera la Russie de l'Ouest atlantique. Russie et Europe sont deux sœurs qui se tiennent dos à dos et, pendant la phase de combat à venir, devront défendre une race et une culture commune (Fig. 1).

CONSTANTINOPLE

Constantinople, l'ancienne Byzance, reviendra un jour à l'Europe. Une Sainte Sophie sans minaret sera alors le symbole de la libération européenne finale. La ville devrait, avec ses environs jusqu'à Andrinople, devenir un territoire protégé de la Confédération européenne. L'importance de Constantinople n'est pas seulement historique et artistique, mais aussi stratégique. Il est décisif, dans l'ère post-OTANesque, de reprendre le contrôle des détroits, donc avec inclusion de Gallipoli, de même que les têtes de pont correspondantes sur la rive de l'Asie Mineure, dans tous les cas en collaboration avec la Russie, comme décrit plus haut. Dans le même mouvement, Chypre sera débarrassée des envahisseurs et reviendra à la Grèce.

TURQUIE

Dans la question turque, la divergence entre Turcs *« blancs »* (d'origine juive) et *« noirs »* (les vrais) joue un rôle capital. Peu connu est le fait que les racines de l'interaction turco-juive parvienne jusquà l'Espagne sous occupation mauresque. Sous la dhimmitude (disposition légale islamique à l'égard des non-musulmans), les Juifs réussirent — autrement que les Chrétiens — à accéder aux plus hautes fonctions de l'appareil étatique du Califat. Durant les mesures de contraintes, au cours de la *« Reconquista »*, beaucoup d'entre eux déplacèrent leurs affaires dans l'empire ascendant des Ottomans. De même que dans l'Espagne mauresque, les Juifs firent leur entrée de nouveau dans des fonctions importantes de la Sublime Porte : comme conseillers, percepteurs, banquiers. Parallèlement à cela, de nombreux Juifs orientaux, issus de la chute de l'empire khazar, devaient déjà, depuis le 11e siècle, avoir migré dans la direction des Balkans et de l'Asie Mineure. La part de population juive dans l'empire turc était étonnamment grande : vers 1900 encore, ils représentaient, dans la Salonique des Osmanli, les 4/5èmes de la population.

Au milieu du XVIIe siècle, le messie autoproclamé Sabbatai Zvi causa des troubles dans la communauté juive sur le pourtour de la Méditerranée. Mis en présence du Sultan, il fut mis en demeure, ou d'accomplir un miracle, ou de se convertir à l'Islam ; il se convertit donc en apparence et fonda une nouvelle secte musulmane, mais qui, dans l'intimité, s'en tenait fortement aux rites juifs. Appelés *« Dönme »* (les *« retournés »*) par les Turcs, ils prirent des noms musulmans et s'imposèrent de nouveau dans les positions-clés. Vers 1900, ils représentaient une grande partie de l'élite ottomane. Les membres de l'élite se rencontraient, comme en Europe, Russie ou Amérique, en cercles discrets et en diverses loges maçonniques. Le mouvement subversif des *Jeunes Turcs* fut presque exclusivement mené par des Dönme. C'est à eux que l'on doit, entre autres, le génocide envers les Arméniens. Même Atatürk, le *« père de tous les Turcs »*, avaient des racines juives. Comme agent britannique, il ruina, avec ses *Jeunes Turcs*, la puissance de l'empire ottoman conformément à un plan et rendit ainsi possible la fondation ultérieure de l'Etat d'Israël.

De massives influences juives sur la politique et la société turque se manifestent aujourd'hui encore. Ainsi, par exemple, l'appareil du pouvoir militaire est traditionnellement mâtiné de Dönme !

Le *« Turc blanc »* incarne le citoyen internationaliste libéral, ami des USA et d'Israël, avec racines juives ; le *« Turc noir »* (*p. ex.* Erdogan et son père spirituel Erbakan) représente l'ancien Turc à racines paysannes, musulman strict. La turcité *« blanche »* va perdre totalement son influence au cours du remaniement du monde, auquel nous aspirons, après l'affaiblissement décisif des USA. La turcité *« noire »* qui, aujourd'hui, avec ses masses humaines, est sur le point de *« coloniser »* l'Europe centrale, devra évidemment se limiter à l'Anatolie, mais, en revanche, pour pouvoir mieux trouver son identité et la conserver qu'aujourd'hui.

Angleterre

L'Angleterre appartient à l'Europe. Son empire n'est plus qu'histoire et ne peut plus être réanimé. Le centre de puissance de l'imperium anglo-saxon repose aujourd'hui aux

Etats-Unis. Que Londres soit le lieu d'origine de la subversion maçonnique mondiale et que la City londonienne actionne jusqu'aujourd'hui la politique financière mondiale et, par là, la politique mondiale anti-européenne, nous est connu. Il en va de même de la politique russe qui, depuis Pierre le Grand, fut menée par l'Angleterre. Nous savons que nous avons à mettre un terme à cette tendance, d'entente avec les Russes. Une Confédération européenne ne pourra prendre naissance que quand les détenteurs actuels du pouvoir du monde occidental — auquel appartient sans doute la City londonienne — seront tombés dans une crise existentielle. Cela contribuera, en Grande-Bretagne comme dans tous les Etats européens, à renforcer les éléments sains du peuple et à les porter politiquement au pouvoir. Ces éléments sont aujourd'hui critiques — comme du reste parmi d'autres peuples européens — sur ce qu'est l'Union européenne (UE), et ce, à juste titre. Mais nous sommes convaincus que le noyau du peuple anglais se joindra volontiers à une véritable union européenne, dès lors qu'il apprendra toute l'ampleur des mensonges et des machinations des deux derniers siècles. [Il en va de même, dans une mesure encore accrue, pour les peuples allemand et russe]. Or d'inclure enfin l'Angleterre au sein de la maison commune européenne n'est pas seulement une évidence de politique culturelle et raciale, mais aussi une nécessité géopolitique. La Grande-Bretagne doit être découplée des Etats-Unis, car resterait-elle exclue de l'Europe qu'elle continuerait d'être le porte-avion naturel et insubmersible des Etats-Unis d'Amérique. Peut-être la sécurité que l'Europe pourra offrir aux Britanniques, comme substitut à la perte de l'Empire et à l'OTAN dominé par les Américains, conduira-t-elle à la garantie d'une indépendance ultérieure des Écossais et des Irlandais du Nord ? Le principe de l'autodétermination des politiques intérieures et culturelles des peuples et des groupes de population n'est-il pas, après tout, un des principes de base de la Confédération européenne ?

Amérique du Nord

Il convient ici de distinguer entre le Canada et les Etats-Unis. Les USA sont le porteur du Nouvel Ordre Mondial actuel, autrement dit de la ploutocratie mondiale dominée par les Sionistes avec leur centre spirituel, la secte judéo-messianique des Chabad-Loubavitch. Leur ambition hégémonique n'est amenée à s'imposer définitivement que quand la diversité des races, des peuples libres et des cultures indépendantes avec leur conception hétérogène du droit, disparaîtront de cette Terre. Cette volonté de mise au pas, de nivellement au plus bas, est le contenu de la politique des Etats-Unis d'Amérique. Ses slogans sont connus : *« Démocratie et droits de l'homme »*. Percer à jour cette propagande et la faire connaître auprès des peuples de la Terre est une de conditions d'affaiblissement définitif de la politique des Etats-Unis. Or l'**Action Européenne** milite pour un monde hétérogène constitué de peuples homogènes et se manifeste comme étant l'opposition la plus farouche aux desseins de la *« Pax americana »*.

Le Canada est aujourd'hui, il faut aussi le constater, à la remorque des USA, mais il remplit quelques conditions qui pourraient faire de lui un partenaire allié de l'Europe :

— une population blanche encore homogène.
— des groupes de population fortement conscients de leur origine européenne, par exemple les Français du Québec, mais aussi la grande communauté de langue allemande, bien ancrée dans l'agriculture.
— Une attitude latente de concurrence et de défense face à la politique des USA.

Le Canada doit donc, de notre point de vue, être conservé et renforcé, en tout cas agrandi autour de l'Alaska. S'il était inclus dans le système d'alliance russo-européen, les territoires péripolaires nords formeraient un cercle fermé, et l'hémisphère nord, comme zone habitable pour la partie blanche de l'humanité, serait assuré. La nouvelle répartition de l'Arctique serait ainsi acquise.

Aux USA mêmes, ces forces, qui se présentent déjà maintenant comme classe dirigeante, et en particulier en opposition consciente au lobby israélien, doivent être renforcées. Le bloc au pouvoir aux USA, machine de guerre du grand capital, est à briser.

L'on devrait, par exemple, offrir aux premiers habitants des USA, les Indiens décimés par les ruptures courantes de contrats et les mesures d'extermination barbares, quelques territoires viabilisés, garantis par l'Etat. De même pour les descendants des esclaves nègres, pour autant qu'ils ne préfèrent pas émigrer en retour vers leur ancienne patrie africaine. Les Etats restants — formant encore la grande partie du pays — pourraient être attribués aux divers groupes d'émigrés originels (Anglais, Irlandais, Allemands, Scandinaves, Français, Polonais, Italiens, etc.) : il résulterait de ces groupes de population une nouvelle efflorescence culturelle et, parallèlement, un rattachement rétroactif aux mères-patries européennes. Les Etats nord-américains nouvellement formés seraient indépendants, mais liés ou alliés à l'Europe.

Et comme la nouvelle grande Europe redeviendrait attractive comme territoire d'immigration pour les Blancs, il conviendrait d'envisager des actions de recrutement ciblées de jeunes Blancs pourvus d'une bonne instruction provenant d'Amérique, Australie et Nouvelle-Zélande, ce qui résoudrait le manque de main d'œuvre suscité par le renvoi des immigrés allogènes dans leur patrie.

Amérique latine

De même que les Etats nord-américains créés de fraîche date entretiendront des relations amicales avec leur mère-patrie de l'Europe du Nord et centrale, se renforceront les échanges économiques et culturels entre les Etats d'Amérique latine et les pays ibériques, et toute l'Europe. Des rapports particuliers devraient, déjà maintenant, être entretenus avec certains mouvements du renouveau politique, puisque le socialisme d'orientation nationale contient des éléments d'un vrai mouvement de libération. L'Europe soutiendra ces Etats lointains à cet égard, afin de contenir l'influence asiatique en Amérique du Sud ; ce qui ne sera pas difficile, dès lors que le commerce entre notre continent et l'Amérique latine ne sera plus limité par les influences nord-américaines.

AFRIQUE

L'Europe considère l'Afrique comme sa sphère d'influence. L'on s'efforcera de réviser, dans l'intérêt et en collaboration avec les indigènes, en Afrique du Sud et centrale, les tracés des frontières insensés de l'ère coloniale, acceptés par calcul dans les temps post-coloniaux, de manière à ce que tribus et peuples puissent à l'avenir vivre au mieux dans un voisinage le moins perturbé possible. L'Europe assurera, dans l'intérêt réciproque, une certaine fonction protectrice envers les Etats d'Afrique noire et promouvra le développement économique. Son plus grand appui sera à cet égard une Afrique du Sud et du Sud-Ouest restaurée. En l'occurrence, il ne s'agira pas seulement de matières premières, mais aussi de la sûreté de navigation par le Cap de Bonne-Espérance ; car sa sécurité, de même que celle du canal de Suez, revêt un intérêt commun pour l'Europe et la Russie.

L'on peut démontrer, par l'exemple africain, comment se représenter le renvoi d'Europe des immigrés d'autres continents (d'autres races). Ici aussi, il nous faut, une fois de plus, émettre préliminairement la remarque selon laquelle les mesures décrites ne pourront être exécutées que lorsque les rapports de forces sur notre planète auront changé fondamentalement. Car aussi longtemps que régnera la ploutocratie occidentale, le plan Coudenhove-Kalergis sera appliqué, soit la création d'un *« mélange racial euro-asiatico-négroïde »* sous la direction des Juifs de la *« nouvelle noblesse raciale par les grâces de l'esprit »*.

Dès que l'Europe pourra agir et négocier à partir d'une position de force, elle s'exprimera, envers les Etats extraeuropéens d'où proviennent les immigrés, Etats qui lui suscitent des difficultés, de la manière suivante : *« Nous avons pour le moment des milliers, des centaines de milliers ou même des millions de vos compatriotes en Europe. Nous allons mettre sur pied maintenant avec vous un plan quinquennal de rétromigration. Nous veillerons à ce que le rapatriement se déroule selon les principes humanitaires. Vous, comme patrie de vos ressortissants, recevrez de notre part, de l'aide si nécessaire, afin d'héberger les nouveaux arrivants et de les resocialiser »*.

Les pays concernés comprendront que la résistance à ce projet face au poids économique et militaire de l'Europe (après la fin de l'influence des USA ou, du moins, de leur régression) est dénuée de toute pertinence. En outre, ils seront heureux, parallèlement à ces mesures, de recevoir une véritable aide à l'édification de leur économie et de ne plus être l'objet de pillage par les requins du capitalisme (World Forum, Banque mondiale, etc.).

Japon, Chine, Inde

Ces grandes et vénérables cultures constituent chacune leurs propres grands espaces d'influence et de puissance politique auxquels l'Europe reste volontiers liée d'amitié.

Asie du Sud-Est et Australie

L'espace entre le Pacifique et l'océan Indien est la sphère d'influence naturelle de l'Inde, du Japon et de la Chine. La population blanche australienne voudra probablement petit à petit revenir en Europe, parce que l'Australie ne pourra plus longtemps résister à la pression Sud- et Est-asiatique.

Antarctique

Dans le cadre du nouvel ordre mondial, le territoire antarctique n'échappera pas à des négociations entre puissances pour une nouvelle partition.

Iran

L'Europe sera en excellentes relations avec l'Iran. Son combat infatigable contre les prétentions sionistes et américaines mérite une grande reconnaissance. En outre des racines communes nous lient avec l'Iran grâce à sa culture aryano-persane.

Ne pas oublier — à côté des gîtes de matières premières — la situation centrale géostratégique du haut pays (régions montagneuses) iranien qui rend souhaitables des relations euro-iraniennes amicales.

Orient

L'Europe entretient, avec l'espace arabique, depuis le Moyen-Age, des échanges par moments tendus mais aussi stimulants sur les plans économique et culturel. Dans un passé assez récent, nous avons partagé de larges intérêts communs. Or nous ne nous souvenons plus que de la collaboration entre le gouvernement du Reich allemand et le Grand Mufti de Jérusalem ou des espoirs suscités par les jeunes officiers égyptiens autour de Gamal Abdel Nasser lors d'une victoire de Rommel en Afrique du Nord.

Après le renvoi des Américains hors de l'espace arabe et la solution du problème palestinien, il ne devrait à l'avenir ne pas subsister de grands différends entre l'Europe et les pays d'Orient. L'Europe ne s'opposerait pas à la formation d'un califat au Proche-Orient. Du reste un califat pourrait trouver la solution équitable dans la question kurde. Qui survole l'histoire des 19ᵉ et 20ᵉ siècles sait que les grands empires ont plus de possibilités de trouver une solution juste pour leurs groupes ethniques que les Etats-Nations démocratiques, mesquins de nature.

Palestine

Après l'élimination du sionisme comme force politique, la solution mondiale de la question juive revêtira l'aspect suivant :

1) d'abord il convient de tirer au clair quels Juifs sont de vrais Israélites et, partant, sont des Sémites. Or à la suite de diverses recherches, ne le sont, à côté de maints Juifs orientaux, que les Sépharades. Au cas où cela devrait correspondre, l'on pourrait leur offrir le *« pays de leur pères »* comme espace de vie. Mais comme les Sépharades ne constituent, selon estimation, que le 10% des Juifs, le chiffre de leur population en Palestine ne pourrait en aucun cas excéder 2 à 3 millions d'âmes. Ainsi, l'Etat de Palestine (soit Israël, la Jordanie de l'Ouest et la bande de Gaza) serait peuplé malgré tout de manière prépondérante par les Palestiniens et ne contiendrait que la minorité sépharade mentionnée. Il convient de partir de l'idée que cela ne causerait aucune difficulté d'importance. Les Juifs orientaux et sépharades, selon leur origine et leur mentalité, sont semblables à leurs demi-frères arabes et, au cours des siècles passés sous domination de pays islamiques, ne se sont pas sentis particulièrement brimés. De surcroît, un mélange progressif entre Sépharades et Palestiniens désamorcera le problème. Pendant une phase de transition, l'Europe assurerait la paix et la sécurité en Palestine. L'on pourrait aussi se demander si la Palestine devrait être annexée à la Jordanie, au cas où, non pas entre la côte du Levant et l'océan Indien, mais entre le golfe Persique, le Tigre et la mer Rouge, un califat grand-arabe prend naissance, auquel incomberait

alors le devoir de résoudre le problème judéo-palestinien de manière appropriée.

Les Juifs non sémites appelés aussi Juifs de l'Est ou Ashkénazes proviennent de l'empire khazar qui, du 8ᵉ au 10ᵉ siècle, s'étendait de la mer Noire à la Caspienne, au Nord du Caucase (*cf.* Arthur Koestler : *« la treizième tribu »*). Les Khazars sont un peuple turc qui, au cours de ces grands mouvements religieux qui amenèrent les Européens à devenir chrétiens et les Orientaux musulmans, se convertirent au judaïsme (Fig. 4). À cette époque, du reste, ils étaient, dans le territoire compris entre la mer Caspienne et la mer d'Aral, les voisins immédiats de leurs parents, les Turcs, qui s'étaient établis auparavant dans les plaines du Turkménistan (Fig. 5). Après l'anéantissement de l'empire khazar par Sviatoslav de Kiev, entre 965 et 969, les Juifs de l'Est se répartirent peu à peu en Russie et en Europe de l'Est, jusqu'en Allemagne. Or ces Juifs — russes, européens et américains -, qui jouèrent un rôle aussi déterminant que funeste comme banquiers, tsars des médias et chefs sionistes au cours des deux derniers siècles, étaient et sont presque sans exception des Ashkénazes. Même en Israël, aujourd'hui, les Sépharades — donc les vrais Israélites — ne sont qu'une minorité tolérée : la formule provocante *« les petits-fils d'Attila sur le trône de David »* est donc pleinement justifiée.

Les faits démontrent combien est dépourvue de sens l'appellation d'*« antisémitisme »*. Donc la plupart des Juifs ne sont pas des Sémites, mais des Turcotatares, et la plupart des Sémites ne sont pas des Juifs, mais des Arabes. Les Ashkénazes, quand ils parlent du *« pays de leurs pères »*, devraient alors rentrer parmi les peuples d'Europe, de Russie, et d'Amérique, auxquels ils appartiennent du point de vue de leur origine. La ceinture des Turcotatares se situe entre les Ottomans à l'Ouest jusqu'aux Kalmouks et aux Ouïghours du Sinkiang (Fig. 6), en passant pas les Kazakhs, les Ouzbeks et les Turkmènes. D'ailleurs, pour les Juifs russes, le Birobidjan est à leur disposition, créé sous le régime soviétique entre les deux guerres, offert aux Juifs comme territoire d'installation (Fig. 7). Si cette rétromigration avait eu lieu, nous nous serions rapprochés déjà considérablement de l'idéal d'un monde politiquement et culturellement pacifié.

Fig. 2

2ème guerre mondiale : dessin des frontières au 31 août 1939, à la veille de la guerre.
(Taschenatlas der Weltgeschichte, Klett-Verlag, Gotha und Stuttgart, 2006, S.179)

Fig. 3

Territoires linguistiques en Europe centrale et orientale avant la 2ème guerre mondiale (avec frontières politiques de 1914).
(F. W. Putzger, Historischer Atlas, Berlin und Bielefeld, 1961, S.101)

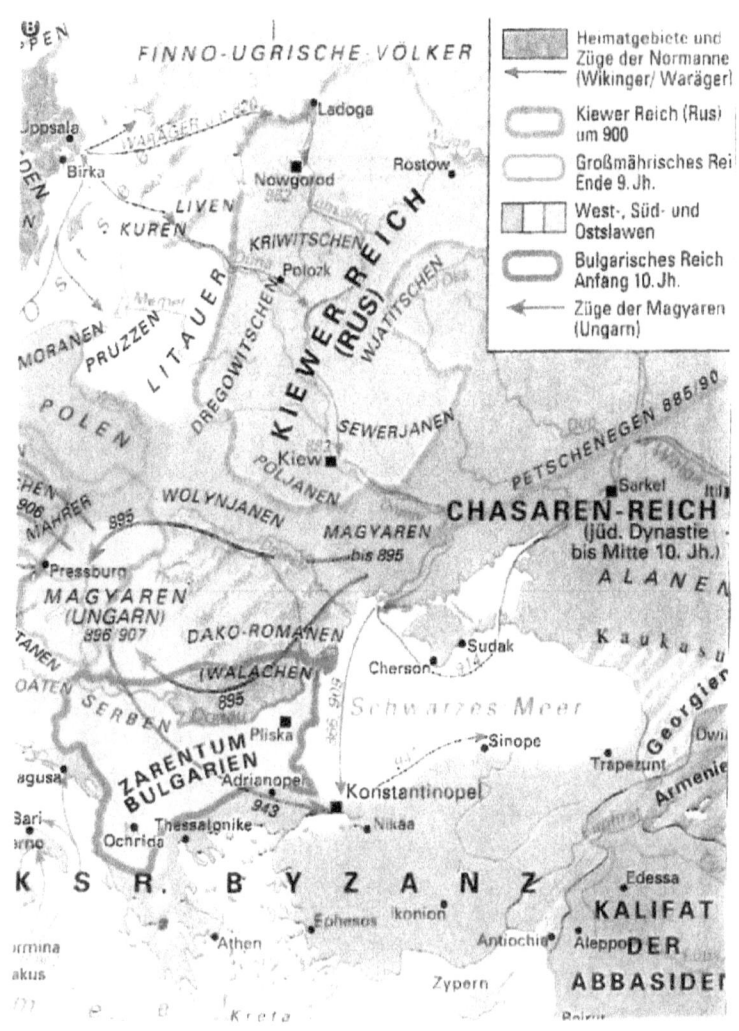

Fig. 4

Empire juif des Khazars aux 9ème et 10ème siècle.
(Taschenatlas der Weltgeschichte, Klett-Verlag, Gotha und Stuttgart 2006, S.65)

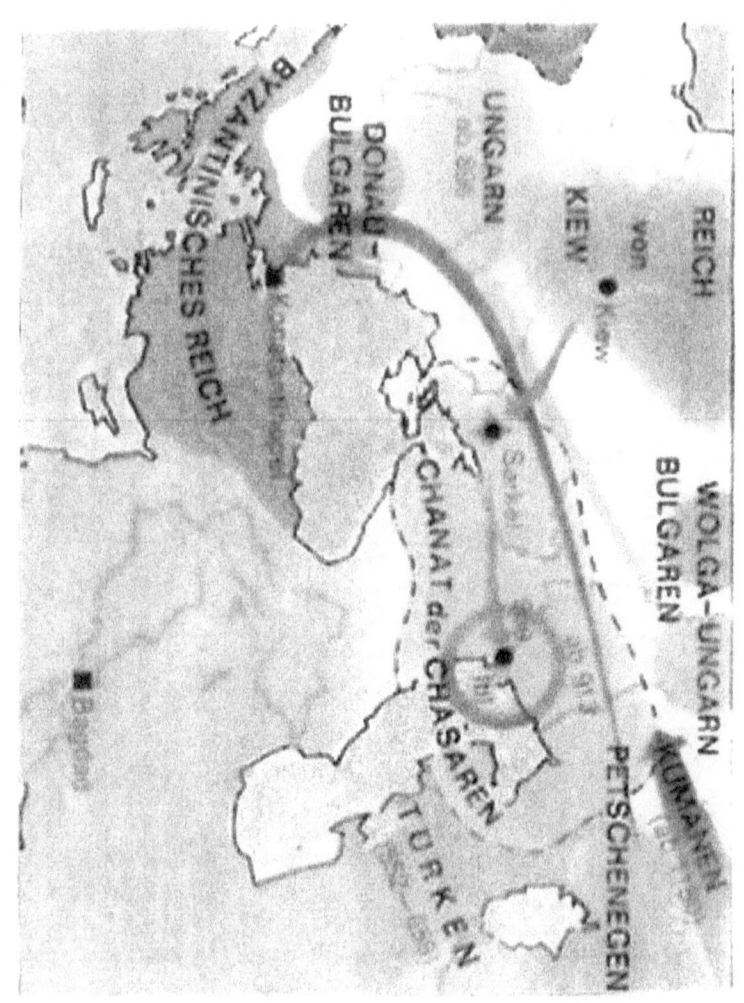

Fig. 5

Le Kanath des Khazars s'étendait jusqu'aux plaine du Turkménistan.
(dtv-Atlas zur Weltgeschichte, München, 1964, S.112)

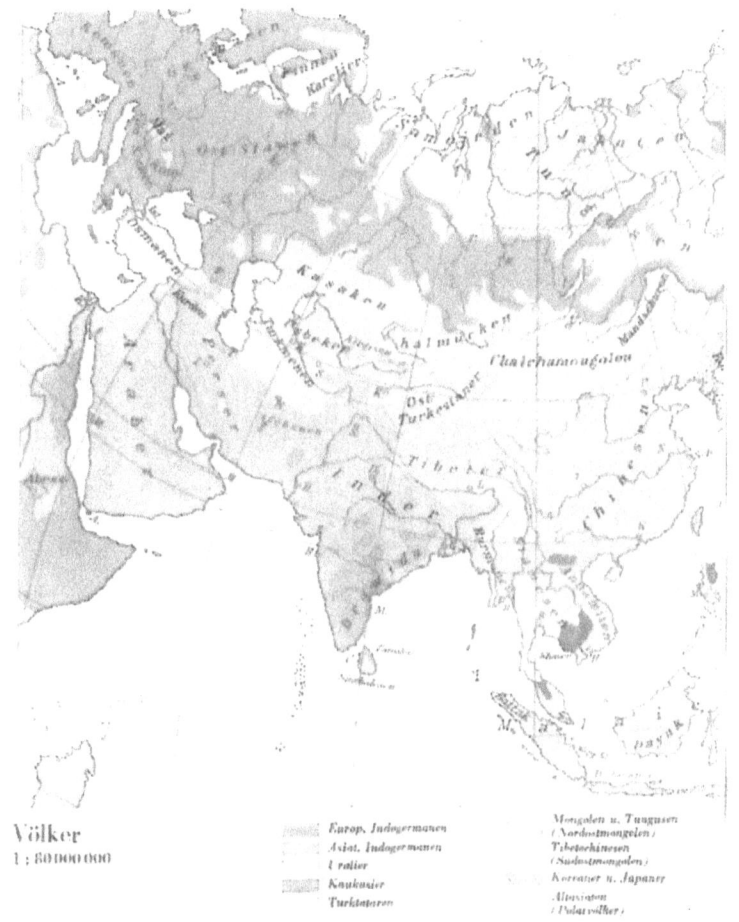

Fig. 6

Les races en Asie. Les Turcotartares, entre la Turquie, la Russie méridionale et le Sinkiang.
(Schweizer Weltatlas, Zürich, 1981, S.89)

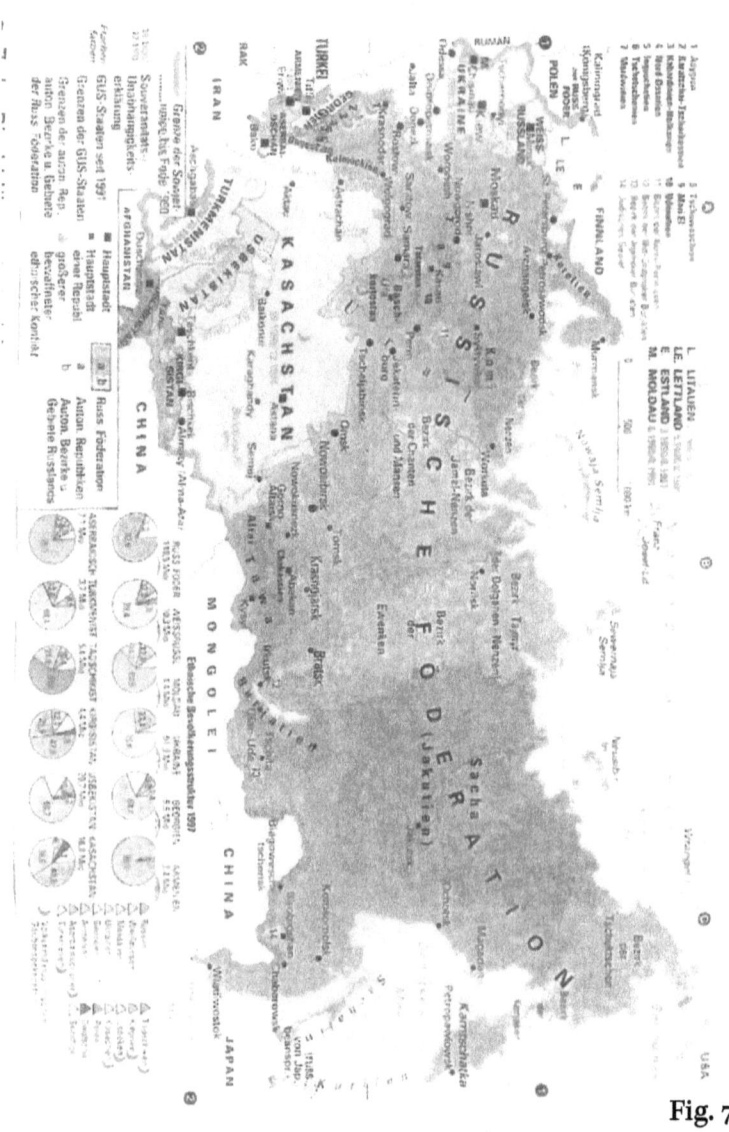

Fig. 7

L'alliance entre la Confédération européenne et l'empire russe
(Taschenatlas der Weltgeschichte, Klett-Verlag, Gotha und Stuttgart, 2006, S.221)

Ferdinand Holder (1853-1918) – *Guillaume Tell* (1897-1903)
Peinture murale. Soleure, Kunstmuseum

Le Tell de Holder a joué un rôle important en tant que symbole de la volonté d'indépendance de la Suisse. Et lorsque dans la Suisse, dans les années cinquante, on prit la décision de frapper de nouvelles monnaies d'or, on ne vit d'autre solution que de traduire en relief le «Tell» de Holder. Cette monnaie ne fut pas mise en circulation.

ŒUVRES LITTÉRAIRES RECOMMANDÉES
RELATIVES À LA POLITIQUE ET À LA GÉOPOLITIQUE (12)

Bernhard Schaub, *Der Europäer*(*)
"   " *Der Staat der Deutschen*(*)
"   " *Der Ghibelline*(*) ;
Ghibellinum-Verlag, Dornach/Schweiz, 2011

J.F. Fuller & Bernard Schaub, *Das Problem Europa*(*) ;
Ghibellinum-Verlag, Dornach/Schweiz, 2011

Reichsstudentenbund (Hrsg.), *Europa ais Lebenskampfgemeinschaft*(*) ; Berlin, 1942

H. Jordis von Lohausen, *Mut zur Macht — Denken in Kontinenten* ; Berg am See, 1981
"   " *Denken in Völkern ;* Graz und Stuttgart, 2001

Carl Schmitt, *Der Begriff des Politischen* ; Berlin, 1963
"   " *Völkerrechtliche Grossraumordnung* ; Berlin, 1991

Julius Evola, *Menschen inmitten von Ruinen* ; Tübingen, 1991

Richard Melisch, *Der letzte Akt*(*) ; Verlag Hohenrain, 2007
"   " *Das Schweigen der glücklichen Sklaven*(*) ;
Verlag Hohenrain, 2010

Wolgang Eggert, *Erst Manhattan — Dann Berlin*(*) ;
Messianisten-Netzwerke treiben zum Weltenende,
Chronos-Medien, München, 2008

---

12. (*) *non encore traduites en français* – année 2013.

LE CHANT DE L'EUROPE

Europe, lève-toi ! Élance-toi !
Vers le soleil dans le firmament
Et oublie tes plus anciens tourments,

Tes anciens, tes plus anciens tourments !
Pour notre Terre, déterminés et fiers
Et bientôt tous les cœurs battent à l'unisson,

Frères, de grandes choses nous accomplirons,
De grandes choses nous accomplirons !
Voyez, combattants, flotter dans le vent

Notre étendard aux couleurs bleu et or
Auquel nous serons fidèles jusqu'à la mort,
Nous serons fidèles jusqu'à la mort !

Mélodie sur le *« Chant du vieux mineur »* (*Altes Bergmannslied*) (*« Glück auf, Glück auf! »*), repris par la suite comme chant patriotique de la Sarre (*Deutsch ist die Saar*).
Paroles version originale (allemand) de Bernhard Schaub, adaptation française de A. Renz.

Pour plus de documentation :

www.the-savoisien.com
www.pdfarchive.info
www.vivaeuropa.info
www.freepdf.info
www.aryanalibris.com
www.aldebaranvideo.tv
www.histoireebook.com
www.balderexlibris.com

www.ingramcontent.com/pod-product-compliance
Lightning Source LLC
LaVergne TN
LVHW041537060526
838200LV00037B/1028